Collection dirigée par Jean-Loup Chiflet
Ouvrage dirigé par Christophe Absi

38, rue La Condamine, 75017 Paris

www.hugoetcie.fr

ISBN : 9782351641637
Dépôt légal : mars 2012
Imprimé en France (Corlet)

MONIQUE NEUBOURG

COMMENT AIMER SON MAÎTRE QUAND ON EST UN CHAT

Chiflet&Cie

Dédicace

À Nathalie Labrousse-Marchau, épicurienne, qui aime tant les animaux qu'elle a préféré enseigner la philo plutôt que devenir véto. Ce qui ne l'empêche pas de les soigner avec amour, sagesse et succès.

À Marylène Mourlevat, hédoniste, amoureuse des chats en général et du sien en particulier. Dont il faut reconnaître qu'il est le plus beau du monde. (Comme le sont tous les chats.)

Avant-propos

L'une des plus grandes difficultés pour nous autres chats est de comprendre ce que l'homme veut dire quand il parle d'aimer (sachant qu'on a toujours un peu de mal à comprendre ce que l'homme veut dire d'une manière générale, compte tenu de l'imprécision de ses injonctions et du flou de ses signaux non verbaux). Quant à son verbe, il est verbeux, tout est dit, on ne perd rien à n'y rien entendre. Sans doute lui-même s'y entend mal tant il est occupé à en parler à tout bout de champ et avec une variété de mots que même un dictionnaire aurait du mal à s'y retrouver. Si j'en crois mes oreilles (elles sont bien dressées, je ne suis pas un Scottish Fold), il aime sa femme, les frites, son mari, les tripes, ses enfants, sa pipe, ses nièces, sa maison, sa maîtresse, son vieux sweat tout pourri, son amant, sa série télé, le moelleux au chocolat, la série télé de l'année dernière, le marché le dimanche, sa voiture, Alexandre Dumas, son vélo VTT, ses mocassins, la mer, sa mère, sa couette, les couettes de sa petite dernière, les vacances, son journal, le mercredi, les RTT, son président, ah non, pas son président et quelques centaines d'autres choses disparates et confusantes, par exemple l'odeur du pain chaud quand il est frais ou un thé à la menthe brûlant pour se rafraîchir un été caniculaire (je vous avais prévenu, faut le suivre, l'homme). L'homme aime énormément et selon une échelle de valeurs implicite. Ce qui ne me facilite pas la tâche !

L'homme aime d'amour et d'amitié, son conjoint et ses « *friends* » sur Facebook. Et ses chats bien sûr. On pourrait en tirer une première conclusion, peut-être trop hâtive, quand l'homme aime, il possessionne. L'homme convoite ce qu'il aime et aime ce qui lui appartient.

Le verbe aimer, comme la franc-maçonnerie, le salaire des cadres ou le prix du m^2, n'est pas celui que nous autres chats déclinons le plus facilement. Aimons-nous le canari plus que les croquettes ? Le coussin plus que le griffoir ? Comment aimons-nous ? Combien fort aimons-nous ? Aimons-nous nous-mêmes ? Je réserve ma réponse, ces abymes quasi métaphysiques me troublent et me donneraient presque le vertige si j'en étais capable, couché en rond à brasser ces idées. Mais dans notre cohabitation avec l'humain, maintenant que nous l'avons (presque) parfaitement domestiqué, il convient de s'intéresser (gouverner c'est prévoir, mais aussi savoir) aux concepts les plus fréquemment en usage chez notre bipède. Et puis ça occupe (certes pas autant que de courir après le point rouge d'un laser). L'amour, principale destination de cet aimer qui nous occupe aujourd'hui (l'amitié en étant un cousin éloigné, un peu pâlichon, édulcoré et dénué de tout soupçon de sensualité) est un élément essentiel de son fonctionnement. C'est son moteur, sa carotte, son étoile, son nirvana, son paradis sur terre, son joker. C'est par amour qu'il se reproduit (croit-il), qu'il agrandit sa maison, qu'il apprend à poser un parquet, qu'il plante des arbres, qu'il achète une automobile et des meubles suédois. Il y a plusieurs phases et formes d'amour chez l'homme comme je vais vous l'expliquer, mais en résumé, on peut considérer globalement que l'amour est à l'homme ce que la coquille est à l'escargot. Il est soit en plein dedans, ou bien il vient tout juste d'en sortir, ou encore il rêve d'y retourner ou d'y retomber comme il dit (oui, le vocabulaire de l'amour ressemble à celui des pompiers en pleine action).

L'amour est tissé dans cette matière élastique qu'on appelle Lycra® et enduit de sentiment, une forme particulière de Velcro® qui lui permet de s'attacher à tout.

L'amour toujours, en somme.

Attention : le chat parle de l'homme quand il s'agit d'un humain ou d'un mâle, comme Maurice Druon et l'ensemble de l'Académie française, il considère que le masculin est un neutre. À son image de mâle castré, neutré et neutralisé à la fois.

1 – L'AMOUR TOUJOURS

Encore plus que la cigarette, ses ongles ou un verre, l'homme a perpétuellement l'amour à la bouche. Il l'a dans plusieurs autres parties de son anatomie, dont le sexe et le cœur. Et la tête. Le sang aussi, en cherchant bien. Et la peau. Démêler une pelote de laine, à côté de comprendre l'amour, c'est facile.

L'amour dans la peau

L'homme parle tout le temps d'amour, courtois ou pornographique. C'est l'un des thèmes cardinaux de sa vie quotidienne, de sa vie rêvée et des films qu'il regarde le samedi soir. L'homme est obnubilé par l'amour, il l'a dans le cerveau et appelle cela « dans la peau ». Il y pense tout le temps, ses neurones s'agitent comme des sémaphores et envoient des signaux forts. Quand il y pense trop, il jure qu'il a l'amour dans le sang comme si c'était une maladie. Du sang au cœur, il n'y a qu'un pas et quelques globules, l'homme est amoureux, ses pupilles sont en forme de cœur comme les lunettes de Lolita, il voit la vie en rose et en niais (et il nous propose miettes de thon et filets de poulet à foison). Il pourrait marcher sur l'eau tellement il plane. En lieu de quoi, il prend une douche (pas toujours) et fonce droit au but, il a l'amour dans le sexe et nulle part ailleurs.

L'amour à la pelle

Aujourd'hui, quand l'homme a mal, ses docteurs lui suggèrent de noter sa douleur de 0 à 10. Quand l'homme aime, il arrache une par une les pétales d'une marguerite en marmonnant une comptine : je t'aime un peu, beaucoup, passionnément, à la folie, pas du tout.

L'amour humain compte quatre degrés, soit six de moins que la douleur. Le « pas du tout » compte pour du beurre, ce n'est plus de l'amour, mais du désamour (et probablement de la souffrance). L'homme aime en tranches larges et souffre par petits paliers. Le rapport entre amour et souffrance n'a rien d'innocent, l'amour est aussi sa première source de souffrance. Si le rythme de l'amour est à quatre temps, son champ est infini. L'homme aime tout et le reste. Bien qu'il fasse le distinguo entre l'amour et l'amitié, entre l'amour charnel et l'amour chaste, le fait est qu'il aime sa sœur et sa femme, son boucher et les pâtés du charcutier, sa voiture et ses livres, sa maison et son oreiller. L'homme aime tant, plus, trop, c'est la folie. Quand il dit « aimer bien », méfiance, il frôle l'insulte.

Il y a même un fleuve qui s'appelle Amour, mais cela veut dire « boueux » en nanaï.

L'amour comme appeau

À bien y penser, si l'homme n'avait pas l'amour, il ne ferait pas de vieux os. Ni de jeunes os. Ni d'os du tout puisqu'il adore se croire enfant de l'amour (donc petit-enfant de Bohème). Paradoxalement, l'homme habite une vallée de larmes. Si parfois il prétend que c'est un champ de roses, c'est à cause des épines. L'homme doit aimer (« si tu n'as pas ce que tu aimes, aime ce que tu as », lui ont dit ses parents, son instituteur, son directeur de conscience et son philosophe de référence), c'est sa raison de vivre, la carotte de sa traversée du champ de ronces. Toutefois, quand il salue quelqu'un, il dit « bonjour » et pas « amour ». Mais il y a de l'amour dans ce bonjour, et dans celui qu'il reçoit en échange. L'homme passe la journée, dit « au revoir », ou « bonne nuit » puis va se coucher dans l'attente du bonjour du lendemain. Certains hommes, qui ont plus besoin d'amour que d'autres, font des métiers aux bonjours généreux : comédien, chanteur, présentateur télé, psychanalyste, traiteur, mercière.

> Le chat n'est pas amour, il est aimé. Et c'est très bien ainsi.

L'appel de l'amour

Nous savons tous, chats ou pas, qu'en vérité l'homme n'est pas un enfant de l'amour (il n'y a qu'à voir comment il traite mal les bohémiens). Il est celui de ses parents biologiques (qu'il se doit d'aimer aussi, sinon gare). Il faut être deux pour faire un enfant. Chez l'homme et la femme, tabous exceptés (voir chapitre 17), cela se passe exactement pareil que chez les chats. À un cheveu près. Ces étranges humains, qui ont inventé le cinéma pour voir rentrer tantôt des trains dans des gares, tantôt des messieurs dans des dames, tiennent à ce que la reproduction soit une affaire d'amour et pas seulement de poursuite de l'espèce. Ils ont donc mis des mots dans leur libido. En guise de méthode Coué, l'homme ne dit pas saillir, mais faire l'amour.

Le chat a des sens, pas des sentiments. Il voit, sniffe, entend, touche et se fait sa religion qui est un goût. La morale ? La conscience ? Le retour sur soi ? Les projections à long terme ? Fadaises ! Ce qui compte, c'est la vie et la survie. Évidemment, nous laissons nos domestiqués rêver à l'amour réciproque que nous leur portons, à notre éventuelle jalousie (tout au plus de la frustration), à notre tristesse (nos émotions n'ont que peu à voir avec les leurs). Quant à la survie (l'essence de l'existence) de l'espèce, point n'est besoin d'amour et autres salamalecs pour grimper la gueuse.

L'amour du Très-Haut

Dieu, une invention récente de l'homme, est une espèce de grand tout inracontable. Il est à l'image de l'homme, en plus grand, plus sage, plus puissant, plus impalpable, plus magique. Dieu est celui qui aurait créé l'homme et le chat, mais aussi tout ce qui les entoure : le ciel, l'eau, les fleurs, le papier alu, les croquettes. Il est parfois imaginé comme un homme du quatrième âge (quand on aime, on ne dit pas « vieux » chez l'homme) à longue barbe blanche et teint rose (Dieu ne boit pas et n'a donc pas le teint rubicond du bon papa rigolo et barbu qui passe parfois le dimanche). Pour ne pas le confondre avec le père Noël, il porte une chemise de nuit blanche en coton bio. Surtout, Dieu est amour. Ce qui est troublant, c'est que nous n'avons pas assez de griffes et de vibrisses pour compter le nombre de guerres entreprises au nom de Dieu, par l'homme qui est amour sous la coupe d'un Dieu d'amour.

2 - LES MOTS DE L'AMOUR

On vient de le voir, l'homme aime à temps plein, sans RTT ni jours fériés. Il échappe à l'overdose parce que son amour, par la grâce d'une géométrie variable, élargit sa surface à l'infini. Où qu'il pose ses pronoms possessifs, il y a amour sous roche. Le mot amour est un fourre-tout (ne voyez là aucun manque de respect à la femme de l'homme ni un jeu de mots foireux) parfois démultiplié en synonymes et assaisonné d'adjectifs.

Le grand amour : l'adoration

L'homme aime ses congénères en général et sa femme en particulier. Quand il a une femme (ou plus), il se chiffonnera à l'idée qu'on puisse affirmer qu'il aime les hommes. Pourtant, c'est l'un des fondements républicains (fraternité) et religieux (tu aimeras ton prochain) de son éducation. C'est sur ces détails que l'on se casse les dents de devant : pas facile de différencier l'amour de l'amour. Un mot, mille possibilités. Demandez-lui s'il aime sa femme, il acquiesce. S'il est sous l'emprise d'une euphorie passagère (alcool ou bonne nouvelle), il est tout à fait capable de donner la mesure de son amour en centimètres. Il appelle cela aimer d'un amour profond. Il y a des hommes qui aiment les hommes, en toute liberté, en grand itou, et avec le même sens de la mesure (en centimètres, rarement en décimètres ou alors dans leurs rêves et leurs films du samedi soir). Les hommes qui aiment les hommes en général (sans référence au mètre de couturière) ne voudront pas être confondus avec ceux qui les aiment en particulier. Les femmes qui aiment les femmes sans mesure réclameront le droit d'être des hommes comme les autres. Toutes les amours sont permises à condition de prendre des précautions sémantiques, l'homme ne rigole pas avec l'amour. La langue (française) non plus.

L'amour familial : l'affection

La famille, ce sont les anciens et les petits de l'homme, ses frères et sœurs et les boutures ou racines de ceux-ci. Il les aime proportionnellement à leur proximité, maman plus qu'un arrière-petit-neveu des antipodes. Parfois avec quelques bémols pour ses procréateurs. Il les chérira pendant ses très jeunes années avant de s'en éloigner, de s'y opposer, de les dénigrer, puis de revenir vers eux pour des raisons diverses (amour retrouvé, argent, maladie, héritage, naissance, morale, gîte, couvert, services à la personne). Évolution rime avec complication, chez l'homme comme chez les prestataires de téléphonie mobile. En revanche, le petit, avant même son apparition, est l'objet d'un culte de la personnalité crypto-nord-coréen. Quand l'enfant paraît, il est submergé de « je t'aime ». Officiellement, l'adulte aime l'enfant sa vie durant, avec des baisses d'intensité au moment des premières nuits, du 2e anniversaire, puis du 6e, du 12e et peut-être du 10e, entre le 14e et le départ du nid, ainsi que le jour où il a plié la voiture, mis le feu au four, raté son bachot…

Vénéré, adoré, gâté, aimé, chouchouté, envié le chat reçoit bien plus d'amour qu'il ne lui en faut. Quand se pose la question de recomposer la famille, le chat devient l'involontaire objet de tractations pour sa garde, et à tous les coups, celui qui a perdu ou renoncé dans les cris et les larmes ne tardera pas à adopter un chaton de consolation. Le chat, plus souvent qu'on ne le pense, est l'un des objets transitionnels de la rupture. Et quand il n'y avait pas de chat, en recueillir un à la maison divertira les enfants.

L'amour matériel : la convoitise

L'homme aime l'argent. L'argent est l'ingrédient qui lui permet d'aimer tout le reste, les steaks et les livres, les enfants et la voiture. Sa chasse et sa cueillette s'appellent courses et shopping, et en guise de dextérité, il a des sous. Plus ou moins. Avec cette fortune, il achète en priorité des vêtements, pour pallier l'absence de poils. Vêtu, il ira acheter tout ce qu'il aime, les tops léopard, les dénoyauteurs de cerises et l'eau pétillante. Tout s'échange contre de l'argent. Tout, vraiment tout, c'est-à-dire n'importe quoi, se vend et s'achète. L'amour de l'argent est la condition de survie dans cet univers d'offre, de demande, de consommation, de capitalisme, de Bourses (des actions et des matières premières) et de bijoux de famille (ceux en or avec des joyaux). Quand il n'aime pas l'argent ou plutôt que l'argent ne l'aime plus, il est déclassé, dépassé, décati. Pire, plus personne ne l'aime.

L'amour en douce : la passion

Après avoir fait des pieds et des mains pour instituer la monogamie dans nombre de ses cultures (à ne pas confondre avec la monoculture qui est une monomanie céréalière et défavorise la croissance du mulot, de la musaraigne et des moineaux), l'homme est bien embêté pour dissimuler sa tentation polygame. Heureusement existent les hôtels, borgnes ou palaces, pour pouvoir aimer, non plus au grand jour, mais à l'abat-jour, cette autre femme qu'il appelle maîtresse puisqu'elle lui donne des cours particuliers. Naturellement, il aime sa maîtresse d'amour, il le lui prouve dans les grandes largeurs (avec ou sans mètre). Si sa femme s'avise de le jeter dehors, lasse d'être laissée pour compte ou s'il est pris d'une témérité subite en préférant, à l'ancienne, une femme toujours cotée à l'Argus, sans enfants, propriétaire d'un appartement plus vaste et d'une résidence secondaire mieux située, il quittera le foyer initial pour reprendre la même vie ailleurs.

> Je t'aime, je te griffe, tu m'appartiens. Foin des artifices verbaux et verbeux, un petit coup de griffe ou de museau ici, ou là, ici et là, vaut tous pronoms possessifs du monde. Un marquage de possession, en liquide s'il le faut, et puis s'en va.

L'amour abstrait : la vénération

Abstrait comme cet « art » que l'homme aime sans arriver à le saisir, abstrait comme les idées, abstrait comme la musique classique qu'il n'attrape que par les oreilles. L'homme aime les livres, particulièrement *Belle du Seigneur*, *Cent ans de solitude* et le dernier Goncourt. L'homme aime voyager (courir sans les jambes, mais avec des roues ou des ailes dans des endroits où l'on mange épicé et parle étranger). L'homme aime la peinture moderne et la culture antique, mais ne va jamais dans les musées. Idem pour le théâtre qu'il place par-dessus tout, sans posséder aucun texte. Ou le sport, il n'en pratique aucun, mais possède un maillot Zidane. Et bien sûr, l'homme aime l'amour, l'idée de l'amour, Tristan et Iseult, Paul et Virginie, Dante et Béatrice voilà de jolis prénoms pour ses petits ou ses chats.

3 - LES MOTS D'AMOUR

Quand l'homme est en amour, il oublie tout, à commencer par son humanité policée. Comment expliquer autrement son inclination à affubler l'objet de son désir, de son plaisir, de ses attentions (verbales pour le moment), d'invraisemblables sobriquets puisés dans des registres exotiques ? Ces mots d'amour sont véhiculés depuis le fond des âges par les troubadours, les présentateurs d'émissions télévisées de la mi-journée, les poètes et les fiancés. L'amour rend l'homme bête. Jamais un chat ne penserait à une chatte comme à un canari, un bosquet de nepeta ou une humaine. En revanche, l'homme débite à qui mieux mieux du mon chou, mon chat, mon doudou.

Le vade-mecum de base

En avant pour la déclinaison des qualités (supposées) de l'aimé(e). **Ma chère** (il faut comprendre chère à son cœur, du moins pour le moment, voir chapitre 12). **Ma chérie** (tout comme la chère, en plus insistant, et sans plus aucune confusion possible avec la valeur marchande). **Ma douce** (on est de plain-pied dans la pensée magique et la qualité fantasmée). **Mon aimée** (pléonasme et passe-partout qui ne mange pas de pain, c'est le compliment par défaut des terre à terre). **Ma blonde** (métaphore puisque même quand elle est brune, la femme est une blonde auprès de qui il fait bon dormir, c'est là-dessus que L'Oréal a fondé sa fortune). Ce tout-venant banal a le mérite d'être indémodable et interchangeable. À ces mots doux et un peu mièvres, on peut rajouter **bébé** (il n'y a pas que le chat qui pour plaire longtemps à son humain conserve et force les expressions du jeune sujet), **mon cœur**, **mon petit cœur** (un peu radin), **mamour**...

Où sont les mots en -ou ?

Poupette, poupie, il y a de la poupée dans l'air. L'homme rêve secrètement d'une femme qui ne parle ni ne pleure et ferme les yeux quand on la couche. Si la Galatée veut retourner le compliment à son Pygmalion, elle sera à la peine. Mon poupon est à proscrire, idem pour mon baigneur. Mon hidalgo ne marche que s'il s'appelle Julio, mon beau est trop souvent un mensonge, mon mignon totalement mal à propos, mon prince rappelle trop que Monsieur Charmant est aux abonnés absents. Mon soleil, mon astre, mon guerrier, mon héros, toutes ces hyperboles, telles les promesses, n'engagent que les crédules. Choupi arrive à point nommé, mais se décline encore au féminin, choupinet(te), choupette, on est dans le chou, et même le chouchou, tout cela sonne doux, gaffe au diabète sucré. Dans la douceur et le chouchou, débarquent doudou, et loulou, « ou » est dans la place, cela respire les bisous dans ton cou mon chou si doux, mon loup tout mou. Le comble du « ou » étant le roudoudou.

> Roi de la vocalise et des roulades, le chat de l'inaudible (pour l'homme) suraigu au grave, régale son auditoire attentif de miiii, de moaoaoaoa, de maoaoaoaoa, de rrrou, de mraou, de mra, de miiooouu, de mia, de mêêêêê, de mip. Chaque chat a sa manière, son vernaculaire. Plus la cohabitation entre humain et matou est longue, plus il est facile au premier de faire la différence entre « J'aimerais du rab de ces délicieuses croquettes » et « Qu'on m'ouvre la porte et que ça saute, tel est mon plaisir. »

Le dico du zoo

Ma **poule**, déclinée en version luxe pour les plus argentés, ne se dit presque plus, conséquence d'une révolution des mœurs. La poule ne stigmatisait pas une demoiselle un peu sossotte (une dinde, une pintade ou une oie) mais, sous une image champêtre décrivait une femme légère, de la cuisse encore plus que du cerveau. Le bestiaire restant ne manque pas de volatiles, en tête, le **canard**, parfaitement mixte, la **cocotte** en souvenir des poulettes, et le **poussin**. Suivent le **nounours**, le **tigre** (flatterie, toujours), la **tigresse** (le retour à l'envoyeur), la **souris** (on croit rêver), la **puce** (ou pupuce), l'**oiseau** (tourterelle, des îles, colombe), le **lapin**, le **loup**, la **biche(tte)**, **biquet**, **lapin** et même, oui, sacrilège, **minet**, **chat**, **chatoune**, **minette**, **chaton**, **chatounet**, **chatounette**, **minou**… Le **blaireau** n'a rien d'affectueux et sera réservé aux insultes entre automobilistes. Quant à la **chienne**, son usage est délicat et peut être fort mal reçu hors contextes très précis et consentis entre adultes lettrés.

Il faut toujours appeler un chat un chat, et quel que soit le nom qu'on lui donne, il sera toujours le chat, minou, cat, kitty, pussy, kochka, chaton, chatoune Le (pré)nommer Barnabé, Barjavel, Fripouille, Ragnar, Lila, Olaf, Godwin, Grisbi, Ganja, Pollock, Fragonard ou Zadkine, est la manière qu'ont les hommes de dire je t'aime à leur chat. Je t'aime, donc je te nomme, parce que ton identité m'est chère. L'homme se creuse férocement les méninges pour trouver le nom idéal, qui ira au chat, et qui, par sa sophistication, le mettra, lui l'homme imperator, en valeur. Dis-moi comment tu appelles ton chat, je te dirai qui tu es. Les enfants de l'homme et les gardiens de cimetière, plus spontanés, se décideront en un rien de temps pour Filou ou Kiki, Pifou ou Poupoune.

Les vocables cannibales

Les douceurs d'inspiration culinaire et autres mots de bouche sont tombés en désuétude, sauf dans ces pays anglo-saxons qui ne savent pas comment combattre l'obésité de leurs populations. Ils pourraient commencer par éradiquer les glucides de leur vocabulaire familier, où les « *pumpkin* » (citrouille), « *sugar* » (sucre) et « *honey* » (miel) reviennent douze fois par phrase. Pour ceux dont le taux de cholestérol et de triglycérides est en dessous des plafonds autorisés, à table avec **sucre d'orge**, **crotte** (en chocolat, j'espère pour eux), **truffe**, **chou à la crème**, **chabichou**, **pomme**. La (bonne) poire, c'est une autre histoire.

Comme ils nous chérissent, en plus de notre nom officiel pour le carnet de vaccination, les humains font preuve de moins de recherche pour nous surnommer, avec aussi peu de sens du ridicule que lorsqu'ils baptisent leurs propres enfants. Dire que nous possédons une ouïe de compétition pour entendre une litanie de Fripouillou, Titou, Tinou, jeune homme, petit prince, concon, petit cul, tifion, couillon, Chewbacca, casse-couilles, babybear, mon bébé, l'œuvre d'art, bœuf numéro dix, Tatie Danielle, miss Foldingue, carpette, feignasse, crétin-de-chat, grosse tache, bavouilleux, plumeau, p'tit phoque, mon nuage à pattes, chatmour… Le seul à avoir percé le mystère du nom des chats est le poète américain T.S. Eliot. **Le chat a trois noms, le premier, celui qu'il entend chaque jour ; le deuxième, plus recherché et tout exprès pour lui choisi et enfin, le troisième, un nom secret que seul le chat connaît.**

Le freestyle

Cul de singe, poupée d'amour, troll de bois, dans le huis clos des chuchotements dans le cou ou des cris de plaisir sur canapé, on entend un peu de tout, et seule la réserve nous interdit d'en répéter plus que le tiers du quart du dixième. Disons que c'est un peu comme le loto, on pioche un mot puis un autre, on accole et on susurre. Le ton et le son remplacent le sens. Autre subterfuge de l'homme : les synonymes. Il dit aimer, il pense aimer, et pour ne pas avoir l'air se répéter, il dira **chérir**, **adorer** (voire **adoooooooooorer**), **kiffer** (grave ou pas), **raffoler**, **affectionner**, **vénérer**, **révérer**, **idolâtrer**, **apprécier**…

4 – LES MAUX D'AMOUR

L'amour, ça va, ça vient, ça s'en va et ça revient – ou pas, en charriant son cortège de petits et gros bobos. L'amour qui devrait faire du bien fait pareillement du mal, et pas seulement quand il s'en va. Et il fait mal partout, aux muscles et aux lobes, au cœur et aux os. Bouderie, chagrin, peine, blessure, maladie, il y a au moins autant de maux que de plaisirs d'amour. Et les maux durent beaucoup plus longtemps.

La petite mort

Mal miaulé, l'amour peut sonner aux oreilles comme la mort, ce qui tombe bien, parce que notre bipède favori est intimement persuadé que l'amour et la mort sont un couple à la vie à la mort (et à l'amour). Non content de faire le mariol en appelant ses chats Éros et Thanatos (niveau agrégation de lettres classiques et DEA de psychanalyse requis pour en apprécier la portée symbolique et mythologique), lorsqu'il se trouve au paroxysme du plaisir, quand il tutoie le 7e ciel en son et lumière, quand les grandes orgues célestes accompagnent ses cris, quand ses sens s'embrasent (l'homme a une fâcheuse tendance à la grandiloquence et la survente de ses orgasmes), il parle de « petite mort ». Particulièrement quand il désire briller en société ou quand il écrit des poèmes tragiques avec des métaphores entre les rimes. Pour se remettre de ce bref passage dans un au-delà potentiel, il allume une cigarette et va se faire une tartine jambon/fromage.

La langueur monotone

Trépassée la passion liminaire et son défilé de découvertes, d'infatuations, de niaiseries gâteuses et d'aveuglements amoureux, une fois que l'homme et son double (ou sa moitié) ont épuisé l'émerveillement de s'être enfin trouvés, l'ennui s'installe. Et l'ennui, c'est emmerdant. Emmerdatoire, même. La lose. L'homme, qui ne dort que quelques heures par nuit et pas du tout (ou si peu) le jour, a tout le temps pour s'enquiquiner. Pour tromper ce marasme, il travaille énormément et reste des heures à table. Le pauvre, il ignore que l'ennui est un état sublime et réparateur où rien ne se passe, rien n'est à faire sauf laisser passer le temps. On peut dormir d'un œil, faire sa toilette, jouer avec son ami imaginaire, regarder passer les mouches, en attraper et grimper aux rideaux. Grimper aux rideaux, encore une expression humaine pour qualifier un orgasme réussi. Preuve supplémentaire, s'il en fallait, qu'il nous envie, car de mémoire de chat jamais on n'a vu humain grimper aux rideaux. En revanche, plus d'un s'est pris la tringle dans l'œil.

Le chat malheureusement a aussi son SIDA, le VIF – Virus de l'immunodéficience féline – dit aussi la FIV – Feline immunodeficiency virus – qui se transmet par le sang, gare aux griffures et morsures. La salive est aussi un vecteur, et il n'est pas exclu que le VIF puisse se transmettre par léchage. La transmission sexuelle est possible, ainsi que la contamination des petits par la mère gestante. Ce virus propre au chat ne se transmet ni à l'homme, ni au chien, ni au cochon d'Inde. Quasi inexistant chez le chat d'appartement, il affecte 15 % des chats errants, particulièrement les mâles, plus bagarreurs.

Les maladies d'amour

L'homme est un bouillon de culture, d'une part parce qu'il lit des livres et, d'autre part, celle qui nous occupe à l'instant, parce qu'il est 100 % bio(logique). Or, le vivant n'est jamais qu'une addition de bactéries, de germes, de microbes, de champignons, de virus qui peuvent passer en moins de temps qu'il n'en faut pour éternuer, d'insignifiants à virulents. L'amour, le physique, ce corps à corps du type super glu avec mélange de tous les fluides, élève un pont sur lequel se trémoussent ces petits compagnons invisibles, trop contents de voir du pays. L'homme en rut ne laisse pas uniquement sa trace dans ce monde sous forme d'enfants ou de plaques de rue à son patronyme. Il ne faudrait pas oublier une manne de *candida albicans*, grippe, papillomavirus, chtouille, gastro, hépatite ou bien plus, horrible et létal. L'amour à mort, c'est cela. Le pire, c'est qu'il commence à y avoir transmission inter-espèces de certaines saloperies virales.

– L'amour est source de souffrance chez les chats, principalement chez la chatte, le sexe télescopique du matou une fois déployé révélant un organe garni de petites papules très accrocheuses. C'est ce détail piquant (révélé par les cris d'orfraie au moment du coït) qui provoque l'ovulation chez la chatte. Le chat cotise à la douleur, en amont, à coups de torgnolles avec les autres mâles soucieux de décrocher la même minette, puis, une fois sa petite affaire rondement menée, mordu et griffé par sa partenaire en guise d'adieu ou d'au revoir et merci.
– La femme qui souffre pendant l'étreinte peut également ovuler, mais c'est là sans rapport direct.
– Serait-ce pour imiter le sexe du chat que l'homme enfile parfois des préservatifs à picots ?

La rupture

L'amour, quand il y en a un, ça va ; c'est quand il y en a plusieurs que ça se gâte. Quand il y en a plus d'un, c'est comme s'il n'y en avait plus du tout. Plus et moins en amour ne fonctionnent pas. C'est un ou rien. L'homme, monogame par obligation morale et structure sociale, est polygame dans sa tête et sa culotte. La femme aussi, mais la nature lui ayant octroyé la gestation des petits et la société l'usage intensif du cerveau, elle aura moins de temps à consacrer à des amours multiples (si tel était le cas, elle saura mieux s'en débrouiller que son benêt de mâle). Quoi qu'il en soit, avec (ou sans) ces absurdes prescriptions de fidélité, débarque le désamour, qui pose la question du stop ou encore. Rester ensemble pour les enfants (ça va les traumatiser), les animaux, le prêt, le prêt pour rembourser le prêt, le crédit relais, les amis, les voisins, le monospace, le qu'en-dira-t-on, les parents (ça va les tuer), la trouille, la solitude ? Ou bien rompre, repartir pas tout à fait à zéro et chercher le bonheur avant la date limite de péremption.

Le ronflement

Aimer ce n'est pas seulement regarder ensemble dans la même direction, c'est aussi dormir ensemble dans le même lit (et dans la même direction). Dormir, si seulement, implorent tous ceux qui partagent la couche d'un ronfleur. Le ronflement est une sorte de ronronnement en très moche et beaucoup plus bruyant. Ce sont les trompes de l'enfer et les quarantièmes rugissants sortis d'un même nez et d'une même gorge. Les ronflements atteignent parfois tant de décibels que les murs eux-mêmes ne savent les arrêter. Aucune harmonie musicale ne préside à leurs dissonances et ils empirent avec le temps (le froid qui bouche les narines et l'âge qui affaisse le palais). La cohabitation entre deux ronfleurs ne change rien, chacun maudissant l'autre, le propre du ronfleur est de ne pas être gêné par son propre ronflement. La compatibilité entre amour et chambre à part n'est pas dans toutes les mœurs, la chambre en plus n'est pas dans tous les budgets.

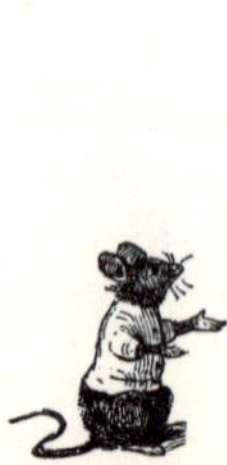

5 - LE PREMIER BAISER

Le baiser (ce substantif à ne pas confondre avec le verbe transitif), expression sonore et parfois gluante de l'amour, est une pratique excentrique. Rien de ce qui est humain ne devrait nous étonner, et pourtant ! Le baiser consiste à attaquer l'autre avec la bouche fermée, entrouverte, ouverte, profonde, c'est selon. Il est bisou, smack, bec, bibi, pelle, spéléologie. L'homme en gratifie tout ce qu'il aime, vivant ou inanimé, nouveau-né ou voiture neuve, trophée de sport ou jeune mariée. Le baiser permet à ceux qui ne savent pas tresser des phrases savantes de communiquer leurs sentiments d'affection ou de passion. On en mesure l'intensité au degré d'ouverture de la bouche et au temps passé à le prodiguer.

Bisou ?

Le bisou, c'est un baiser pour enfant, un baiser d'enfant, un baiser encore enfant, un baiser miniature et mignon qui n'engage à rien, mais qui marque le coup. Un p'tit coup du bout des lèvres sur la joue, en vitesse, sans s'attarder pour ne pas faire trop sérieux ou une bise baveuse à bouche mouillée qui laisse une trace façon limace et qui fait rire les enfants. C'est assez cracra (mais moins que ce qui va suivre), c'est de la salive fichue en l'air, d'autant plus perdue que celui qui en a été oint s'empresse de l'essuyer avec le dos de sa main, un mouchoir en papier ou son cache-nez. La salive reviendra, en circuit fermé, dans le baiser plénier (pour le différencier du baiser léger).

Hugs, free ou pas

Venue des temps anciens, subsistant encore dans certains pays à l'ouest de la grande mare ou à l'est de l'Oural, l'accolade est une étreinte virile, le choc des torses, le poids des bras. Son potentiel comique est souvent exploité par le cinéma et la photographie quand deux personnes aux morphologies contrastées la pratiquent (un petit et un grand, un gros et un maigre, une grande femme à forte poitrine et un petit homme sans talonnettes, une anorexique en robe du soir et un catcheur en bambinette). Cette manière de manifester son affection ne nécessite aucun échange de microbe (poignée de main et baisers sont antiprophylactiques au possible, l'homme s'en est rendu compte après des épidémies dévastatrices) et réduit la promiscuité aux seules étoffes.

De chaque côté de la truffe, à la racine des moustaches, et dans les coussinets, se cachent les distributeurs de phéromones des chats. C'est par ces invisibles et odoriférantes marques (pas pour les humains plutôt bouchés) que nous déterminons notre territoire et nos possessions. Si le petit Poucet avait été un chat, nul doute qu'il aurait retrouvé son chemin sans cailloux blancs ni miettes de pain.

Prout ma chère

Quand l'homme aperçoit une personne du sexe opposé (ou du sien, mais longtemps, la société ayant réprouvé ces attirances bien naturelles, l'homme qui en repérait un autre se la mettait derrière l'oreille puis selon son degré de désinhibition, le rencontrait en secret), il éprouve un irrépressible besoin de faire le kakou. Un peu comme le paon avec sa queue. Si ce n'est que la queue de l'homme ne sait pas faire la roue. Et le garde-à-vous (hors contexte militaire), le seul exploit de cet organe, est mal vu en société (la société n'a de cesse de brimer l'homme et de lui imposer des soucis, impôts, voiture, salaire des cadres, prix du mètre carré). Il lui faut débusquer des succédanés. Par exemple le baisemain. Il impose à notre raide bipède de casser son buste à 90° pour ne pas même effleurer la main de la dame (ce serait une faute de goût que de lui lécher les métacarpes), lui dévoilant au passage les promesses d'une calvitie naissante. Un autre pis-aller est la conversation, qui suppose des qualités intellectuelles et spirituelles que tous n'ont pas. Le baisemain est en voie de disparition. Dommage, c'était un bon dépistage des perclus et pelliculeux. Quant à la conversation, elle n'en a plus pour longtemps.

Comme l'aile d'un papillon

Si le bouche à bouche est un geste qui sauve, réanimant un humain dans les vapes en oubliant qu'il refoule du goulot, le lèvres à lèvres est l'euphémisme du french-kiss, le baiser à la française avec un « F » comme fougueux. (Les anglophones, hypocrites en matière de sexe, bottent en touche, c'est-à-dire en France, en attribuant cette nationalité aux capotes, à la vérole, aux baisers langoureux avec la langue, aux frites et au pain perdu, bref, tous les plaisirs de bouche.) Fermons la parenthèse et revenons à cet âge où le baiser baveux n'est plus de mise, mais où le french-kiss est une abomination dégoûtante, ex-aequo avec les huîtres. Comment s'embrasser dans ces conditions ? L'un ou l'autre des tourtereaux se débrouillera pour placer, comme par hasard, sa bouche dans la trajectoire. Ainsi éclot un premier baiser au presque improviste, bouche close et émotions vives.

Quand un chat, dans sa tournée d'inspection des travaux finis, s'en vient coller son museau au nez de son domestiqué, afin de renifler son haleine et vérifier sa bonne santé, l'homme est persuadé que le chat lui claque la bise. Même réflexion quand, dérangé par une odeur suspecte, le chat lui lèche un petit coin de peau. Bécot et chat ne sont pas inclus dans un même ensemble.

La pelle

Le voici, le cœur de notre sujet. L'heure de l'amour est venue, celui dans lequel ils vont embarquer pour une croisière d'une nuit ou d'une vie (et de toutes les options possibles entre ces deux extrêmes). L'homme et la femme abordent le premier échange/mélange de particules intimes de leur histoire à venir. Foin de baisemain, d'accolade, de bécot ou de câlin, de bise bégueule ou de bisou bébé, ils se lancent, après s'être exercés avec une pomme, une meilleure amie, un grand frère, la respiration en suspense comme en plongée, les yeux fermés comme à confesse. Sus à l'assaut de la bouche aimée, la langue serpentine. Droit dedans, gaffe aux dents ! Et que je tourne, enrobe, suçote lèche, aspire Pendant des heures, comme s'ils avaient des têtes aimantées. L'homme vient de mettre le pied, par bouche interposée, dans l'amour physique.

6 - LA DANSE DE SÉDUCTION

Non seulement l'homme est un roseau pensant, mais encore il est un animal raisonnable. Il ne l'a pas toujours été si l'on en croit ces images ni d'Épinal ni de Lascault, nées d'un inconscient collectif, qui reproduisent ce que l'on croit de la vie quotidienne préhistorique. Mal dégrossi, le mâle d'antan traînait sa femelle par la tignasse pour la caramboler rapidement dans sa caverne sans confort en espérant une solide descendance qui l'aiderait à dégraisser le mammouth. Ou pas. Qui nous dit que Cro-Magnon ne se passait pas les doigts dans la barbe et sous les aisselles avant d'aller compter silex à sa mignonne ?

Badiner avec l'amour

Pour les adolescents, ces petits d'hommes qui se croient grands, qui ne vont pas tarder à l'être et qui le regretteront bien vite, le flirt est le stade de la pelle en boucle, à peine si les doigts explorent. De loin, ils semblent engagés dans un concours du baiser le plus long sans ravitaillement en vol, éventuellement assistés d'un lecteur MP3 dont ils partagent le casque (flirter, c'est s'embrasser en écoutant la même musique). Beaucoup plus subtil dans ses origines, le flirt est un passe-temps au long cours qui encourage le recours au langage articulé. Le flirt est un état d'esprit séducteur, un marivaudage léger, dirigé ou non vers une personne particulière. Il est là pour attirer les regards ou attiser les jalousies. Flirter revient à porter un invisible petit panneau, semblable à ceux qu'on accroche à la porte des chambres d'hôtel, si ce n'est que celui-ci murmure : « *Do disturb* ».

Monter l'escalier

Selon un écrivain célèbre, la montée de l'escalier est le meilleur moment de l'amour. Malgré sa passion littéraire, il ne parlait pas de l'amour des livres posés sur la rangée la plus haute et dont l'accès nécessite un escabeau. Il n'évoque pas plus la vue imprenable du galant, laissant comme le veut le savoir-vivre sa compagne le précéder, en contre-plongée indiscrète sur ses jambes, ses cuisses, son postérieur. Pourtant, il faudrait être de marbre pour ne pas s'en régaler (quand on est humain). En vérité, il parlait de cette particularité qui nous échappe, l'anticipation par prévisualisation. Comme un skieur aux Jeux olympiques qui, les yeux clos et le bassin chaloupé, dessine mentalement sa course, l'amoureux dans l'escalier, les yeux ouverts sur des fesses suggestives, pense à la façon dont ça balancera dans quelques minutes. Et ainsi imaginé, dans l'escalier, ce n'est jamais raté.

Lorsqu'attiré par ses fragrances insistantes, le matou se rapproche à boules rabattues de la femelle en chaleur, ce n'est ni une fidèle Pénélope, ni une Shéhérazade parfumée qui l'accueille en ondulant, mais une furie qui pendant une dizaine de minutes, les oreilles en deltaplane, ne le laisse pas approcher, lui feule au museau, lui balance des uppercuts toutes griffes dehors. La chatte en chaleur n'est pas une fille facile, mais une guerrière ninja vaguement incontinente. Le pipi de chatte est son n° 5, son parfum suivez-moi-jeune-homme. En revanche, en cet état de preoestrus, elle est plus que câline avec les humains. Beaucoup plus.

Danser avec sept voiles

Quand la simple présence de l'être aimé, dans sa seule incarnation de chair et d'os, ne suffit pas à stimuler le partenaire, ou que l'omniprésence paresseuse des ascenseurs empêche l'esprit d'escalier d'agir, il est l'heure de décrocher sept voiles ou trois dessous chics. L'ivresse sexuelle sait jaillir de la qualité du flacon, surtout si l'on ne souhaite pas boire l'acte cul sec. À défaut de se parer des plumes du paon (qui lui iraient aussi mal que la roue), l'homme, en l'occurrence la femme (chez le bipède l'homme se pose, dispose et explose tandis que la femme expose, dépose et prend la pose), embauche une débauche de dentelles et satin, soie et résilles pour adresser son message à haute teneur érotique. Si je me pare, c'est que je te prépare. Et l'homme ? Il se lave. Dans le meilleur des cas, il se rase aussi.

> Opportuniste, le chat de maison est un gigolo plus vrai que nature. Ronrons outranciers, petits coups de tête mendiants, patte de velours, cercles caressants dans les jambes, yeux écarquillés implorants (il ne leur manque d'un chapeau et une petite épée), voilà quelques-unes des mimiques les plus fréquentes dans l'arsenal du chat en train de rouler l'humain dans la farine.

Dîner aux chandelles

La chasse (pour se nourrir) n'étant plus dans les habitudes de l'humain, il n'aurait aucune chance de mettre une proie dans son lit s'il devait déposer à ses pieds une douzaine de faisans, deux biches et un sanglier encore tiède. Il n'a pas effacé pour autant le lien entre le nourricier et le fornicateur. Pour attirer une femme dans son salon (puis dans sa cuisine et si entente dans la chambre à coucher , ou l'inverse), l'homme sacrifiera sa carte bleue sur l'autel d'une table de restaurant. D'un restaurant, pas d'un fast-food, d'un kebab ou d'un libre-service buffet à volonté, pas d'une gargote avec nappes en papier gras et service incompris. Pour emballer en bonne et due forme, place aux plats high-tech et aristos, du quinoa de foie gras, des huîtres à la chlorophylle de cresson, du carpaccio de chou-fleur sauce chocolat De la manière (plaisir, propreté, vélocité…) de manger à celle de ne pas flatuler, c'est pour les deux convives un véritable examen de passage.

Se trémousser jusqu'au bout de la nuit

Danse pour danse, il ne reste plus qu'à y aller. La danse, dont les figures les plus classiques sont l'entrechat et le saut de chat (qui doit tout au crabe et pas grand-chose au chat) et les plus libres sont innommables, est encore ce qu'on a inventé de plus fiable pour tester le pas de deux. La danse est un alibi en or pour se retrouver dans un lieu sombre, bruyant, exigu, surpeuplé où, secondé par l'absorption massive de boissons chargées en éthanol, le couple en devenir ainsi désinhibé peut se tripoter sans avoir l'air d'y toucher, et établir un état des lieux complet, plus qu'au restaurant. Au menu : mobilité des membres inférieurs, hygrométrie dans l'effort, fermeté des chairs, assiduité du déodorant, endurance et résistance cardiaque.

7 - LA TOUTE PREMIÈRE FOIS

La première fois, c'est le lot de toutes les premières fois, n'est une réussite qu'exceptionnellement, la chance des débutants s'y montre chiche. Les premières fois sont, sans être des échecs cuisants ou des catastrophes définitives, des cabrioles pitoyables, des pantomimes minables. L'idéal serait de passer directement à la case deuxième fois, en espérant qu'elle ne soit pas une seconde (ce qui signifierait qu'il n'y en aurait jamais de troisième). La première fois, c'est bon pour les souvenirs, pas pour les succès.

Le calme plat

Tu seras un homme mon fils, tu seras une femme ma fille. L'acte d'amour est un rite de passage, l'enfance s'envole définitivement avec la perte de la virginité, cette fleur invisible qui faisait la valeur des filles et l'embarras des garçons. Ce fétichisme ancien est une patate chaude à quoi l'homme (et surtout la femme chez qui il est matérialisé par un voile costaud) reste attaché, soit pour s'en débarrasser le plus vite possible et passer à autre chose, soit pour le garder le plus précieusement possible au nom de vertus désuètes. Fort heureusement, l'huis de la virginité peut céder, sans le secours d'une sexualité précoce, sous la pratique de l'équitation, la danse classique, la gymnastique rythmique et les barres asymétriques. À défaut, nombre de pucelles et puceaux (mais pas que) courent à la catastrophe sur zone. L'homme, toujours à la redresse à la vue d'une simple affiche pour soutien-gorge, reste désespérément flaccide et la femme, qui chaque nuit espérait ce jour, se resserre jusqu'à battre en étroitesse le chas d'une aiguille. Fiasco.
Mais au moins, la première fois est passée.

Où diable est la notice ?

L'homme est la seule espèce au monde qui a besoin (en tout) d'un mode d'emploi. Pour manger et se laver les mains, pour monter des meubles suédois et ses partenaires. Innombrables sont ceux qui, malgré une assiduité sans faille aux travaux pratiques de SVT et des jeux sans fin avec des animaux en peluche ou des poupées Mattel®, se retrouvent les bras ballants et le bec dans l'eau, comme une poule devant un smartphone. La suite tient du massacre, et ce n'est pas un jeu. Et que je me frotte au pifomètre, et que j'espère que l'autre saura, et que j'ai la trouille de faire mal, et que je fais mal, et que je pousse, et que je tire, et que je croise les doigts et que je pose des questions idiotes « C'est bon là ? », « Heureux/se ? », « Et comme ça ? ». Pathétique. Quand on ne sait pas, on ne sait pas. Il y a bien un itinéraire bis et buissonnier que choisiront les moins gourds et les plus aptes à l'improvisation. Ce chemin de traverse vers le plaisir a inspiré un pieux adage : « Aux innocents les mains pleines ».

Chez le chat, la première fois se passe généralement avec la mère, ou avec une sœur. Une première fois précédée de tentatives d'escalades sur les femelles (ou pas) alentour sans conclusion possible, le petit apprenti (3 ou 4 mois) n'ayant pas encore pris la mesure et l'usage ni de l'attirail ni du protocole. Pas plus que de la différenciation sexuelle du partenaire. Certains miment parfaitement l'opération, avec morsure d'échine et soubresauts pelviens. Bien que techniquement opérationnel autour de 6 mois, il lui faudra attendre d'avoir entre 8 mois et un an, pour saillir enfin avec un happy ending.

Je veux mon feu d'artifice

La femme dispose de magazines, spécialement à elle dédiés, dans lesquels elle trouve des recettes de cuisine à rater, des vêtements à ne pas porter et des conseils sexuels à ne pas suivre. Parmi ces derniers, il y en a un, récurrent, qui milite pour l'inscription de l'orgasme dans la Constitution en tant que droit inaliénable. Il y aurait eu une tentative d'en faire le 11e commandement, si elle n'avait pas été dès le départ vouée à l'échec. Luxure, péché mortel, mauvaise idée. La métaphore la plus courante décrit l'orgasme en feu d'artifice déclenché par tout corps plongé dans un septième ciel. N'importe quel animal génétiquement intact s'enfuirait dans ses bottes de sept lieues à l'idée de l'irruption dans son corps de fusées, pétards, feux de Bengale et chandelles romaines, mais la femme, qui n'a peur de rien (l'épilation régulière de ses chairs les plus fragiles en témoigne), tient mordicus à cette pyrotechnie intime. Et si elle ne l'a pas, gare à l'empoté. Elle ne lui fera ni la cuisine ni des enfants.

> Si l'on veut que monsieur le chat, celui de maison et dont les éjaculations sont soumises à tractations préalables, soit à son aise pour le bunga-bunga, il convient de le laisser jouer à domicile. C'est la femelle que l'on amènera sur ses terres. Hors son territoire, il ne faudra rien attendre de lui. Fragile, les mâles, fragiles.

Le 7e ciel, c'est surfait

Comme tout feu d'artifice, il y a des pétards mouillés, des cartouches périmées, des roquettes détumescentes. En lieu de grands baoumbadaboum, un petit pop. N'importe quel bouchon de champagne qu'on décalotte ferait plus de chambard. Alors que l'orgasme peut être discret, délicat, frémissant, confortable. Mères, poètes, psychanalystes et médias l'ont de tout temps surévalué. Il a ce point commun avec les cadeaux sur catalogues d'être toujours plus beau en théorie qu'en réalité. La sublime peluche grandeur nature d'ourson polaire est une pauvre chose qui ressemble plus à une charentaise dodue qu'à un enfant du règne animal. Pareil pour l'orgasme. Il ne reste qu'à faire avec. Et encore heureux quand il y en a un ! Les plus récalcitrantes iront consulter des spécialistes ou acheter d'autres magazines qui expliquent comment « booster » ses orgasmes.

Note technique, note artistique

Compétiteur comme on le connaît, l'homme ne peut s'empêcher de réclamer la sanction de sa performance. « Tu as joui ? » « C'était comment ? » « Tu as aimé ? » « T'en reveux ? » Tellement nerveux qu'il en arriver à taquiner la lapalissade, le truisme, la tautologie, le pléonasme, autrement dit à devenir un gros lourd. Le caricatural « Dis, tu la sens bien ma grosse queue ? » en pleine action peut se décliner sous des formes moins explicites, mais dans l'ensemble, là est sa (grosse) préoccupation. Depuis la cour de récréation, l'homme est attaché à des détails comme la taille de son stylo à quatre couleurs, du capot de sa voiture, de son cigare et de sa queue. La femme, quant à elle, se drape dans le rose candide de ses joues, espérant des compliments et des douceurs, mais fort peu désireuse d'aller les chercher comme on va à la pêche au gros.

8 – C'EST DE L'AMOUR OU C'EST COCHON ?

L'homme ne fait pas l'amour que par instinct ou pulsion, il le fait aussi par preuve d'amour, comme il offrirait des fleurs ou une boîte de chocolat. Surtout, assez de duplicité, il le fait par plaisir, parce que c'est bon, diablement bon. L'acte d'amour, avec ou sans amour, est bien meilleur qu'un steak d'Aubrac ou un but réussi de Messi. Et c'est là que cela peut devenir cochon. Pourquoi cochon ? Parce que dans le cochon tout est bon !

Pur porc

L'homme a droit, dans le cadre de son éducation hors les murs, l'école ou le ruisseau, à des cours d'éducation sexuelle. Il pourrait en parler à ses parents comme il le fait avec Marignan 1515 et Pythagore Hypothénuse, mais il préfère se débrouiller perso. Grâce à Internet qui a moins de secrets pour lui (ou l'un de ses meilleurs amis) que pour sa proche famille, il a trouvé le mot de passe du code parental (le nom du chien ou bien la date du mariage) et peut aller visionner des images et des vidéos presque autant cliquées que celles de chats, en moins LOL. Le porno devient son cours du soir, sa formation continue. Il peut aussi se servir, s'il y a, de la vidéothèque classée X (comme dans seXe) mal planquée par papa/maman. Dès lors, sa sexualité ressemblera à celle, fruste et acrobatique, du cinéma cochon. On reconnaît illico l'élève *made in porn* à ce que, à l'image de ses modèles hardeurs et hardeuses, il s'est débarrassé du peu de poils et de mots doux qui lui restaient.

Trop, ce n'est pas assez

À l'instar des chats gâtés par des domestiqués gâteux, le bipède confond quantité et qualité, préférant plus de moins que peu de mieux (selon sa calculette, plus est supérieur à mieux). Sa consommation est sans limite, les femmes sont comme des oiseaux qu'il couche dans son nid, dans son lit. La femme est moins folâtre, plus casanière, tout occupée à remplir les formulaires de la sécurité sociale, à découper les fiches cuisine, à donner le sein à l'un et corriger les devoirs d'histoire-géo de l'autre. Si elle veut séduire à qui mieux mieux, elle le fera plus discrètement (à l'exception de deux ou trois exhibitionnistes de téléréalité qui font du carnet de conquêtes un substitut à leurs diplômes inexistants). Notre humain, à l'étroit dans son carcan moral, est déchiré par un dilemme : pourquoi se contenter d'un ou d'une unique quand il pourrait les avoir tous et toutes ? Vantard, présomptueux, que de la gueule ! Sans ses rêves dorés et ses déclarations à l'emporte-pièce, l'homme n'est rien.

L'amour chez le chat n'est pas cochon, il est vache. Et pas qu'un peu. Pendant la phase d'accouplement, on ne peut pas dire que le chat se montre délicat et prévenant avec sa partenaire : il la saisit solidement des dents serrant son échine, et l'immobilise des pattes avant. L'acte bref et véloce, de 5 à 10 secondes, peut se reproduire jusqu'à cinq fois. L'affaire conclue, la femelle fait comprendre au mâle, à coups de crachats et de baffes, qu'il n'est plus le bienvenu.

Sex friend

L'amour sans amour, mais avec amitié, sans cohabitation, mais avec brunch un dimanche sur deux, est en vogue chez les jeunes sujets qui perçoivent ce modus vivendi comme une solution aux histoires d'amour qui se terminent en eau de boudin. Ces fins malheureuses n'étant pas la cause du sexe proprement dit (car le sexe, surtout si pratiqué salement, est une plus-value notable), mais de l'amour. C'est tout l'homme ! Il maîtrise une distraction qu'il est le seul du vivant à pratiquer de manière aussi sophistiquée (le bonobo peut aller peler ses bananes), et il gâche tout avec sa certitude non négociable que toute médaille a son revers, et que le verso de l'amour, c'est le spleen. Pour faire avec tout en étant sans, il jongle avec les mots, invente des équations avec les émotions, pose l'amour (petit a), ôte l'Amour (avec un grand A, signe d'Absolu et de majesté), retient l'ami, lui téléphone, prend rendez-vous. « On s'fait une baise ? »

Les chattes, notamment domestiquées, sont bien meilleures chasseuses que les mâles. Pour nourrir leurs petits, mais aussi pour leur apprendre à se nourrir tous seuls, elles leur enseignent la chasse, et portée après portée, acquièrent savoir-faire et expérience.

De porc en ports

Le collectionneur est un boulimique qui a saupoudré de la maniaquerie dans ses choix. Il lui faut des échantillons d'humanité selon des critères soigneusement définis. Cela lui évite de courir derrière tout ce qui bouge, ou plutôt ne bouge pas, l'homme attrape plus aisément des proies immobiles. Et quand il court (le jogging du samedi matin), la seule chose qu'il regarde, à travers la transpiration qui lui brouille la vue, est sa montre. Il y a donc des hommes qui assènent sans rougir « Je n'aime que les Asiatiques » (comme si je vous disais que, fors les siamoises, je ne grimpe personne), des femmes qui décrètent « les blonds n'ont aucune personnalité ». Danseuses pour la souplesse, profs de gym pour la musculature, philosophes pour la conversation, musiciens pour les gammes, il pratique l'amour sur inventaire. Qui connaît Mozart (ou Dove Attia) peut chanter « j'ai eu quatre Italiennes, deux comtesses, une Serbe, pas d'Anglaises, dix Maliennes… ».

Tout de blanc et de candeur vêtu

Il ne flotte pas à dix centimètres du sol, mais c'est tout comme. Il a la tête dans les nuages et les pieds peu sur terre. L'Amour, il l'écrit, le pense, le déclame, le réclame avec la majuscule. L'Amour, coiffé de sa capitale est assorti d'une cohorte d'adjectifs : « pur », « grand », « unique » « sublime ». Son amour s'habille du blanc immaculé des mariages à l'Église, il le garde sous cloche aussi longtemps qu'il le faut, tellement longtemps que parfois, la cloche, c'est lui, regrettant de ne pas avoir convolé avec la première cruche venue, au lieu d'attendre le cristal qui ne se brisera pas arrivé à l'autel. Se casser à jambes déployées est précisément la réponse paniquée de certains objets de l'Amour (dit aussi « Amûûûûr »), effrayés par tant d'idéal, de barre trop haute et de mauvaise poésie.

9 – L'AMOUR TOUT SEUL

Lorsqu'il est sans partenaire, l'homme s'aime en circuit fermé. Cette autogestion sexuelle et parfois amoureuse (« aime-toi comme tu aimes ton prochain ») porte différents noms dont aucun n'est dérivé d'amour : masturbation, onanisme, paluche, cinq contre un. Woody Allen, grand spécialiste des rapports hommes/femmes, a donné la juste et spirituelle explication de ce deux en un : « la masturbation, c'est faire l'amour avec quelqu'un qu'on aime vraiment… »

Parle à ma main

Non seulement le bipède possède un pouce opposable, ce qui le distingue (ainsi que sa maladresse à grimper aux arbres) des autres singes, mais encore il a les doigts dissipés. Cinq doigts pour une main qui sera sa première maîtresse, son premier amant. Le bras, la nature est bien faite, est pile à la bonne longueur pour atteindre l'organe le plus intéressant en position assise, debout ou couchée. Il peut le triturer, le secouer, le pénétrer, le pincer comme bon lui semble. En face d'un mâle particulièrement exalté, on pourrait penser qu'il essaie de la décrocher, mais non, c'est juste une façon de faire. La femme fait autant peur quand son corps dessine un arc. Une chose est certaine, on n'est jamais aussi bien servi que par soi-même. Au point que dans certains couples, l'amour avec amour n'est que jeux de mains, ce n'est pas si vilain.

La fesse cachée de l'informatique

Il était un temps reculé où les livres, ces objets pleins de pages, servaient de support aux fantasmes des hommes. Le fantasme est à l'homme ce que la souris en peluche est aux chats, un simulacre d'une réalité inaccessible qui permet de se comporter comme si elle existait bel et bien. Les livres avec des images sont ses préférés. Pas toutes les images. Des images de femmes ou d'hommes, sans leurs habits et avec des poils (le temps des livres était aussi le temps des poils). Faute d'avoir accès à ces livres, les pages lingerie des catalogues de vente par correspondance faisaient la blague, les plus malins cherchant l'ombre de la fourrure ou le contour d'un sexe sous la transparence du tissu. Mais de la même manière que le poil ne fait plus recette, le livre est détrôné par Internet où l'homme, quand il n'y regarde pas des photos de chats, y mate des chattes. Ce qui, grâce à la fonction diaporama, lui laisse les deux mains libres pour ce que vous savez.

Sexe à piles

Une solution entièrement automatisée, nécessitant comme tous les jouets modernes deux, trois ou quatre piles, remplace avantageusement la plus leste des mains. Le premier sexe électrique, conçu à l'usage exclusif de ces dames, était une réplique de pénis en mode vibratoire. Trop explicite dans un monde moderne et pudibond qui aime les cupcakes et les petits poneys kawaï, il se décline dans des couleurs de bonbons anglais et des formes de lapin, de dauphin ou de chenille (mais pas de chat). L'homme aura beau nier, il est zoophile. Son intérêt pour les dessins animés de Walt Disney était une première indication, le dessin de ses accessoires branlatoires en est la confirmation. Sous la charge des oreilles du lapereau, nombre de femmes ont découvert que le plaisir existait et que les arguments glacés de leurs hommes n'étaient que des aveux d'impuissance ou de balourdise. Elles sont parties, laissant le pou, embarquant le pinpin. Au nom de la parité, sans le moindre doute, d'ingénieux ingénieurs nippons ont inventé l'homologue pour homme, de loin une canette de soda, de près, une canette de mousse préformée. Il ne reste qu'à glisser la clé dans la serrure, et la volupté cherre.

Le chat ne crache pas sur les substituts. Prépubère ou solitaire, il saura s'accommoder (et accommoder) d'une peluche, d'un plumeau, d'un pull-over ou de sa gueule. Au grand dam de ses maîtres qui prennent des airs choqués, du rouge au front et des propos périphrasés en n'osant évoquer « comment vous dire, docteur, quand il est content, heu, il, heu, vous êtes sûr qu'il est castré, vous n'avez rien oublié ? » Comme si seul l'homme (et son quotient intellectuel supersonique) était capable de découvrir comment se faire plaisir avec les moyens du bord.
Si l'homme était plus souple, il se sucerait. Mais il n'est pas souple, sauf quelques yogis et acrobates du Cirque du Soleil, alors il jalouse le chat.

On joue avec la nourriture

Sans moteur, sans piles, sans autres vibrations que celles intimées par le poignet ou le pelvis, quelques denrées alimentaires ont trouvé une place inédite entre la main de l'homme et son sexe. Bien que, ou plutôt parce que (son esprit de contradiction n'en rate jamais une) on lui interdit depuis son plus jeune âge de jouer avec la nourriture, le bipède ne peut s'empêcher de le faire avec une délectation secrète, et pas seulement avec les petits-suisses à la cantine. Le concombre et autres espèces contondantes et longilignes pour les dames, le foie de génisse entaillé en son centre (mis au grand jour par Philip Roth dans *Portnoy et son complexe*) ou les coquillettes à peine tièdes dans un gant de toilette pour les messieurs, font de convenables ersatz d'amoureux/ses, en période de carême prolongé.

Mieux vaut rien que peu

La solution est radicale, mais elle a le mérite de ne faire de mal ni aux légumes, ni aux pâtes, et de ne pas consommer le moindre watt. L'abstinence, c'est difficile les dix ou vingt premières années, ensuite, cela devient tout à fait naturel. Pratique autant qu'économique, c'est un peu comme le prélèvement automatique des impôts ou la carte de transports annuelle (en commun, pas amoureux), un souci, une prise de tête de moins. Solo pour solo, sans accessoires, sans doigts dans la prise, sans frustration. Relâche, jachère et friche, et puis c'est tout.

10 – L'AMOUR À DEUX

L'amour à deux, les yeux dans les yeux, la main dans la main, est la norme humaine depuis le premier couple médiatisé de l'histoire : Adam et Ève. Et, norme pour norme, un de chaque sexe, un mâle, une femelle, comme pour les prises électriques et les ports USB. Dans 99,99 % des chansons, peintures, publicités, livres, pièces de théâtre, films l'amour est à deux et dans la stricte obédience hétérosexuelle (ce qui n'empêchera personne d'y lire un sous-texte frénétiquement homosexuel ou farouchement sadomasochiste selon les chapelles des lecteurs, spectateurs, auditeurs…). Quand l'amour est à trois, sauf le modèle Jules et Jim et le théâtre de boulevard, on en retient un (divorce, séparation, meurtre, qu'importe) et l'amour redevient à deux. Mais l'amour à deux, ça veut dire aussi…

L'amour a deux ans

Tout le monde le serine, l'amour dure deux ans (ou trois). L'amour en question, c'est l'amour avec passion et flamberge au vent. Après, l'amour évolue. Si la passion consume, la combustion est celle de la passion même, comburant non renouvelable si on n'y met pas du sien, or l'homme, une fois casé, devient plus cossard qu'une couleuvre. C'est chimique, cette décrue, pas sarcastique. Au commencement, n'importe quel chat sait cela, il y a les phéromones androsténol et copuline. S'y joignent la phényléthylamine, la dopamine et l'ocytocine. Sans oublier les endorphines. On est anéanti sous cette avalanche d'hormones, fussent-elles celles de l'amour, de la passion, du plaisir. L'amour naissant, ce serait une formule à la craie au tableau noir ? Oui, pour des scientifiques (pas tous). Pour les autres c'est prince charmant et demoiselle en détresse, ou pot et couvercle en version prosaïque. Ensuite, ce n'est plus de l'amour certifié conforme nouvelles normes, c'est parfois du cochon (voir chapitre 8), c'est peut-être de « l'amouritié », du moitié-moitié, des convenances, des assurances, de la flemme, de la fidélité de façade, de la droiture.

7 ans de réflexion

L'amour fait décidément bon ménage avec les mathématiques. On a vu que l'amour chimique durait deux ans selon la police scientifique, trois ans selon Beigbeder. En admettant que ce détroit rugissant soit traversé sans encombre ni décombres, que les cobayes observés développent lentement leur accoutumance à la phényléthylamine (celle-là même qu'on trouve dans le chocolat), le couple abordera en doublette la plage des 7 ans. À nouveau, ça passe ou ça casse. Sept ans, c'est long, quand on a la chair faible. Cela représente entre un tiers et une moitié de vie de chat, cela donne le temps de faire bien des fois le tour de l'autre, et même si l'un change de tour de taille et l'autre de couleur de cheveux, l'un de métier et l'autre de psychanalyste, cela reste très très long, surtout quand on ne dort pas plus de huit heures par jour.

Quand l'amour a du nez, il dure tant que les naseaux reniflent. Qu'importe la chatte, pourvu qu'il y ait l'odeur, celle qui signale l'oestrus, période féconde (et fréquente) où le mâle sera mal reçu, mais reçu. Quand l'amour a des cordes vocales, il dure tant que minette et matou lancent leurs vocalises stridulentes.

Un, et deux et trois enfants, ça fait passer le temps

Même s'il arrive qu'on puisse en douter, à sa manière d'héroïser la raison et de taire son intuition, il reste à l'homme quelques grains d'instinct. Dont celui de la reproduction dont il use chichement (voir chapitres 17 et 18). Le couple fusionnel a cru que 1 + 1 était égal à 1, dans un collage en forme de cœur (ou de cul, ou d'orange), reconstitution de l'être unique par des dieux jaloux séparé (sujet platonicien au programme des classes de philosophie). Puis l'homme et sa moitié – qui compte toutefois pour 1 et pas pour ½, vont mettre en œuvre le 1 + 1 = 3 (et pourquoi pas 4, 5, 6). Les sciences dures reviennent touiller l'équation du couple. L'entité supplémentaire, le petit, a beau n'être qu'une demi-portion, tant par la taille que par la déduction consentie par les services fiscaux, il compte pour 1 comme la moitié déjà citée. Lequel nouveau-né n'étant pas destiné à être lâché dans la nature avant ses 25/30 ans, en fonction de l'instinct nourricier, la patience et le portefeuille de ses géniteurs, il permet (avec ses frères et sœurs successifs) au couple de surseoir régulièrement à une séparation fracassante. « Reste, si tu ne le fais pas pour moi, fais-le pour les enfants ».

Plan d'épargne conjugal, 20 ans de case prison

Le couple n'est pas uniquement une cellule amoureuse (ou une cellule tout court), il représente aussi une communauté d'intérêts. À deux, l'union conjuguant force et richesse, idées et propriété, ils ont acheté F4, voiture(s), longière en Suisse normande, home cinema et frigo américain, à tempérament, avec 25 ans de mensualités, une hypothèque et trois crédits revolving, tout en s'interrogeant sur la possibilité d'un caveau de famille, rien n'empêche une famille heureuse (pour le moment) et nombreuse de penser à la mort. Ils sont ligotés à leur banque (ainsi qu'à quelques organismes usuriers), et elle tiendra vent debout contre la crise bien mieux qu'eux. Une séparation, sauf jackpot au loto (comme ils n'y jouent pas, c'est loin d'être gagné), signifierait ruine, déchéance, déménagement et tente Quechua, cauchemar précédé par des discussions sans fin pour savoir qui va garder le chat et sans faim pour la garde du réfrigérateur de compétition. On ne sort pas des mathématiques, un ban à l'arithmétique, aux règles de trois et aux calculs de pourcentage.

Le chat possède un organe voméronasal de première bourre. De la même manière que son oreille capte ultra et infrasons inaudibles à l'oreille humaine, sa petite truffe mignonne est surpuissante. Surprise, l'homme possède aussi cet organe, ce qui en bouche un coin au chat, il serait (tous les scientifiques ne sont pas d'accord), capable de capter (inconsciemment) les phéromones de l'autre, à condition que l'autre n'abuse pas de perturbateurs puissants : l'odeur de l'argent et le parfum du savon. Comme l'homme porte ses distributeurs de phéromones sous l'aisselle et du côté du périnée et pas dans les moustaches, il remplace un marquage malcommode par des contrats de mariage et des baux 3/6/9.

L'amour à deux autres

Quand la séparation (chapitre 4) est le dernier mot de l'une et l'autre des parties belligérantes, un tropisme, une pulsion grégaire, le besoin de deux bras de plus pour monter les meubles suédois, conduire la voiture, retrouver la zapette, prêter son journal ou servir de calorifère naturel, incitera l'humain à reprendre du poil de la bête et perdre quelques kilos. Le chat, le nez dans son pipi, comprend qu'il y a eu un bogue. Pas l'homme. À peine retrouvé la liberté de se curer le nez et de pisser sous la douche (par souci écologique, bien entendu), il est prêt à abdiquer pour être deux, de nouveau, aimer encore, aimer toujours, se donner l'illusion du bonheur. D'autres boivent, se regardent dans la glace et voient double, c'est la même illusion.

11 – L'AMOUR CHASTE

L'homme, sans être une marie-couche-toi-là, a l'amour large. Il a aussi de l'amour-propre ce qui ne l'empêche pas d'aimer, à ses heures, l'amour sale. Expliquer tout ce qu'aime l'homme serait très long, et seule une encyclopédie y suffirait, car l'homme aime tout ce qui se trouve dans les encyclopédies. L'homme est « omnilove », il aime tout et puis c'est tout.

Restent, pour y voir plus clair, quelques grandes catégories.

L'amour platonique

Les balcons n'ont pas été imaginés uniquement pour offrir aux chats qui vivent enfermés un semblant de dehors assorti d'une vue imprenable sur les faits et gestes des (chats) voisins. Les balcons sont, d'un point de vue humain, un accessoire indispensable pour étendre le linge et pratiquer l'amour romantique. Le balcon, à la manière de la frontière entre les deux Corées, sépare à bon escient les amoureux, leur interdisant toute proximité physique, l'un étant précisément au balcon tandis que l'autre, troubadour ou ivre mort, sous le balcon, s'épuise à chanter son amour. On pourrait penser ces amours contrariées par une absence d'escalier ou d'ascenseur. Faux. La raison d'être de cet amour est de rester en devenir, gagnant sa pérennité par son absence de conclusion. N'ayant jamais commencé, il ne peut pas finir. Dans une bulle sans pomme croquée, ni assurance-vie, aspirateur, enfants, maladies vénériennes. Juste des soupirs.

L'amour familial

Dès la naissance, le petit est prévenu, il doit aimer son père et sa mère, c'est un ordre. Les aimer ne signifiant pas coucher avec (l'amour exulte dans le sexe sauf avec sa famille, il y en a un qui oublie vite qu'au commencement, comme pour les ragdoll ou les sibériens, il leur a bien fallu se mélanger entre descendants et collatéraux), mais honorer, admirer, écouter, obéir. Il doit aussi aimer les parents de ses parents, ses sœurs et ses frères, les conjoints de ses sœurs et de ses frères, et les sœurs et les frères de ses parents, ainsi que quelques autres composants plus ou moins éloignés de la parentèle. Dès le départ, le petit d'homme est dressé à l'amour. De la même manière, il lui sera fermement intimé d'adorer ses enfants plus que lui-même et de leur assurer gîte, couvert, argent de poche, jeux vidéos et blanchisserie jusqu'à ce qu'ils daignent décamper. Il n'aura plus aucun mal, ainsi conditionné, à aimer le moment venu les enfants de ses enfants et à les garder le mercredi. Fort heureusement, ces amours généalogiques n'excèdent que rarement la centaine de sujets. D'autant que, concernant les cousins à la mode de Bretagne qui habitent en Rhône-Alpes, il les déteste. Alors que ce sont les seuls qu'il aurait pu aimer de toute sa chair sans briser le tabou de la consanguinité.

Les chats peuvent-ils aimer l'art ? Oui si l'on en croit Burton Silver et Heather Bush, auteurs néo-zélandais d'un livre-somme « Le mystère des chats peintres » (épuisé en français et dans quelques autres langues).
Des chartistes se déchaînent, peintres ou plasticiens. Selon ces deux spécialistes de la chose et de la cause féline, un chat sur cent mille est un artiste potentiel. Ces chanceux élus auront le réflexe, à proximité de pots de peinture acrylique intentionnellement posés là, d'y tremper la patte et de peindre. Barbouiller serait plus juste. Comment savoir si son chat est un Jason Pollock en puissance ? S'il regarde avec intérêt la télévision, il y aurait en lui de la graine de créateur. Sans peinture, mais avec des vraies ou fausses souris, ou autres matériaux à portée de patte, le chat arty livrera au matin des « installations » (et ta sœur !) à la géométrie étudiée, dignes d'un musée d'art contemporain.

L'amour de l'art

L'homme aime l'art. L'art, c'est comme les enfants, en beaucoup plus cher. L'art est un geste de marquage sous forme de peinture, de sculpture, de symphonie, de poésie, de roman, de ballets (de balais aussi, mais ce n'est plus de l'art, c'est de l'industrie), les films (1 sur 200 disons, tels les balais, ils relèvent de plus en plus de l'industrie)… Tel est l'Art, qui gagne une capitale de manière à ce qu'un roman ne soit pas confondu avec la notice de montage d'un meuble suédois. L'homme n'a pas l'amour de l'Art inné, surtout quand il est moderne, c'est-à-dire plus jeune que lui. Son amour de l'Art se patine avec le temps, il lui donne une contenance, le rend meilleur, lui permet de faire des bonnes affaires. Certains aiment l'Art tellement fort qu'ils l'achètent chez des marchands. Certaines formes d'art, comme les arts plastiques, sont nos faux amis. Certaines œuvres ressemblent à s'y méprendre à des griffoirs amusants ou à des arbres à chat de luxe.

Les chats dansent. Ce n'est que justice après que Terpsichore les a pillé d'importance. Dans « Danse avec son chat » (des mêmes auteurs néo-zélandais et tout autant épuisé, le livre, pas les auteurs qui pètent la forme), des photos cadrent une succession de duos aériens tout à fait troublants sans que l'on sache qui de l'homme ou du chat copie sur l'autre. Si l'on peut suspecter (sans preuves) le recours à un logiciel de retouche d'images pour les photographies des Pichatsso dans « Le mystère des chats peintres », les clichés des Nijinski à coussinets laissent rêveurs (le trucage est toujours possible, en tout). Là encore, parmi tous les chats appelés à partager les étirements ou les pirouettes des humains, peu d'étoiles au final.

L'amour des animaux

Opportunément, l'homme aime les animaux. Au point parfois de japper un « plus je connais les hommes, plus j'aime mon chien ». Réflexion faite, il n'y a pas lieu de se vexer que cette sentence mette en scène chien et non point chat, tant elle est médiocre. Elle dit que les hommes aiment les animaux parce qu'ils pensent qu'ils sont des hommes superlatifs. (Jamais il ne viendrait à l'esprit de l'homme de penser qu'il est une bestiole, mais en moins bien !) Les animaux, spécialement les chats, sont à ses yeux des enfants adorables qui ne réclameraient ni toupies Beyblade, ni skeubas Nike ; qui n'écouteraient pas du rap à faire péter les vitres ; qui ne réclameraient pas le nouvel iPhone jour et nuit. Les animaux, surtout les chats, sont des compagnons présents et discrets, affectueux et sobres. Les animaux ne font pas de métaphysique et ne pratiquent pas de sports collectifs. Les animaux ne boivent pas d'alcool (dans leur plus grande majorité, même si chacun connaît qui un chat lappeur de whiskey, qui une jument amatrice de sangria) et ne font pas semblant de s'y entendre en économie européenne. Les animaux, les chats en tête, sont en effet des hommes zéro défaut.

L'amour des idées

L'homme, dans son immense sagesse (on peut plaisanter) est capable d'aimer l'abstrait, le désincarné, le concept, la théorie, le dogme, le syllogisme. Il habille pour ce faire son matérialisme d'un costume éthéré, tissé de philosophie et d'utopies, de belles pensées et d'idées fortes. La liberté, l'indépendance, la solidarité sont parmi ses idéaux de prédilection, ce qui nous vaut cette place en première classe dans son cœur. L'homme, surtout quand il est Miss (France, USA ou Monde), ne manque jamais de rappeler urbi et orbi qu'il est contre la maladie et pour la paix dans le monde. Enflammé, il est capable de s'indigner au cri de « Y a pas marqué La Poste » ou « Nous voulons une banque qui sent bon » et de sortir manifester dans la rue pour donner du corps à ses idées. Si cela se trouve, ce n'est qu'une ruse pour présenter une image angélique à la face du monde, s'offrir une petite auréole dorée à la feuille et récupérer quelques points de karma supplémentaires.

12 – L'AMOUR TARIFÉ

Vivre d'amour et d'eau fraîche (alias l'amour tarte) est l'un des Graal du bipède, le genre de chimère qui ne résiste pas deux secondes au principe de réalité. L'eau fraîche, si elle permet de prolonger le jeûne avant une mort certaine et douloureuse, ne nourrira jamais son homme ou sa femme. L'amour creuse, l'estomac et le portefeuille. Entre dîners aux chandelles et bains aux bougies, entre vaisselle cassée et cadeaux variés, on s'éloigne à toutes jambes de l'eau fraîche. Le seul moment où l'on s'en approche, c'est quand l'amour tombe à l'eau !

L'union en grandes pompes (et en souliers vernis)

Il appelle cela concrétiser. Hisser son couple aux contours flous au rang d'institution. Ce n'est plus obligatoire comme en ces siècles maudits où l'homme ne soignait ni ses chats ni ses dents. Pour flatter tout à la fois son sens de la fête (pfuit font les langues de belle-mère) et un reste de convenances sociales (mes hommages, belle-maman), l'homme pratique l'union exhibition. Le mariage est une cérémonie, deux quand l'homme vénère un Dieu (voir chapitre 14) en plus de son chat, destinée initialement à autoriser le premier accouplement (dit aussi nuit de noces pour faire joli). Si les futurs conjoints se fichent de plus en plus de l'autorisation de se galvauder dans les mêmes draps, ils apprécient encore le partage du (ou des) patronyme, le nom de famille, signe fort de celle qu'ils vont fonder. Ce mariage, en moyenne, coûte un bras (sauf si accompli en catimini à la mairie entre deux amis). Le lunch aux plats et boissons de luxe, les invités à n'en plus finir, les cartons et les timbres, la robe qui ne resservira jamais surtout si elle est blanche à bustier, ruchés et traîne, le DJ, la petite auberge, les dragées Les pépètes coulent et sont aspirées aussi vite que le champagne. Cela coûte aussi aux invités qui, en échange d'une place assise au spectacle de la plus belle journée de la vie de leurs copains, ont cotisé à l'acquisition d'une machine à pain et d'un salon de jardin en résine.

Sème, sème, sème, des petits cadeaux

Les petits cadeaux entretiennent l'amitié selon un dicton. Les grands cadeaux entretiennent l'amour. Entretenir, c'est précisément le verbe qui décrivait les dépenses de messieurs rupins en faveur de femmes vaguement vénales à qui ils permettaient de mener un train de vie bourgeoisement correct, à leurs crochets. Les crises économiques successives et la libération de la femme ont envoyé aux orties la cocotte entretenue au bénéfice de la femme qui travaille plus pour gagner moins. En revanche, la mondialisation de la mafia russe a permis à la prostitutka,, plus voyante et gourmande que les demi-mondaines, d'éclore. Au sein des couples légitimes, certaines distributions de cadeaux sont inscrites au calendrier par d'avisés commerçants. Anniversaires, Noël, Saint-Valentin, fête des mères et des pères Au minimum. Il n'y a pas de maximum. Attention, dans ce monde radin qui est le nôtre, un époux qui subitement couvrira l'autre de cadeaux sans prétexte sera immédiatement suspecté de haute trahison.

Le tarif d'un chat de race varie entre pas donné et la peau du dos. Les critères de mise à prix dépendent du pedigree, des concours remportés par les parents, de la couleur, de la race. En chat comme en couture, les modes influent lourdement sur la valeur. D'après les prix constatés en 2011, la fourchette oscille entre 600 euros, le minimum pour un Siamois déstocké, à 2 000 pour un Sphinx ou 2 500 pour un Savannah. Les chats dont la race ne commence pas par un « S » ont aussi la cote, pas de souci.

Qui dort dîne, qui dîne couche

Non content de ne chasser que des espèces caoutchouteuses sous PVC, il arrive que l'humain s'en aille déguster des mets parfumés et fumants dans des maisons closes expressément dédiées à la nourriture sous toutes ses formes. Le bipède est prêt à y dépenser au bas mot dix fois plus (cent ou deux cents fois ne sont pas exclues) que le coût réel de son habituelle pitance. Dans ces restaurants (où les restes vont aux chiens sous forme de doggy bag, le catty bag n'existe pas, le chat n'est pas une poubelle, son corps, estomac compris, est un temple), les plats sont présentés comme des œuvres d'art, calligraphies de coulis, textures en accumulations et salmigondis de saveurs. Tout est parfaitement cuit et chaud à cœur. En principe. Ce dîner dehors, outre qu'il comble l'amour de l'homme pour la nourriture, est une des étapes obligées du chemin (de croix) de la séduction. (voir chapitre 6)

Une fois le chat à la maison, une rente annuelle lui est versée sous forme de croquettes, de pâtée, de soins et de jouets. Le coût moyen est estimé à 600 euros. Pour un service minimum. C'est compter sans la visite du vétérinaire des urgences un dimanche (180 euros), l'arbre à chat de grand luxe (279 euros hors frais de port et chirurgie de la main)), les croquettes spécialement formulées (52 euros les 5 kilos) Cela pour un chat de ville. Le chat de campagne disposant de mulots et de faisans en open bar, est plus économe.

Divorce et dividendes

Les Américains, ce peuple barbare qui dégriffe ses chats ou leur colle des griffes postiches en plastique pour qu'ils n'abîment pas canapés et tentures (c'est le « syndrome Bree van de Kamp »), et qui compte autant d'avocats que de ménagères désespérées, ont transformé le divorce en une transaction où l'on pleure plus sur l'argent que sur le futur ex-être aimé. Non content de valoir très cher en soi (chapitres 4 et 10), le divorce coûte bonbon par un simple effet mécanique, celui d'un loyer et d'un éclairage identiques quels que soient les acteurs en scène. Portés par le même vent d'ouest que l'aérobic et les extensions capillaires, le mariage et le divorce, son corollaire, sont devenus un big business. Et l'amour dans tout ça ? Il est passé par là. Il paraît qu'il repassera par ici. Il joue les Arlésiennes.

> Les saillies, proposées par d'heureux, mais-il-n'y-a-pas-de-petites-économies, possesseurs de mâles racés et non castrés, se négocient entre 300 et 600 euros, en fonction des variations saisonnières et de la rareté des couleurs (des gènes porteurs en langage initié). Côté femelle, le prêt d'un giron accueillant et de noble ascendance se monnaye généralement en chaton(s).

Horizontalement seulement

Quand l'homme n'a pas de partenaire et que le manque est cruel, surtout quand l'homme est un homme et qu'il cherche une femme, il peut s'en payer une. La femme louée par l'homme est du modèle à consommer de suite, pour une période de temps et des prestations à négocier selon une grille tarifaire préétablie. Dans les pays de plus en nombreux où la sexualité est judiciarisée (heureux les chats dont les lois sont pragmatiques et non écrites), ces hommes sont des délinquants mis à l'amende (même quand les cas plus fréquents qu'on le croit où, à la main secourable, ils préfèrent une oreille qu'ils espèrent attentive). Du côté des femmes qui réclament les services d'affables garçons, c'est plus souvent pour ne commettre aucun impair faute d'apparaître en nombre pair à un dîner d'affaires, un vernissage avec buffet dînatoire ou une réunion de famille inquisitrice, que pour se faire chevaucher impétueusement par un étalon stipendié. Quoique… un étalon…

Tommasino, de Rome, possède une fortune estimée à 11 millions d'euros. Hélas, il ne pourra pas s'offrir quelques hectares de terres giboyeuses ni un tipi en forme de château de contes de fées. La fée, car fée il y a, il l'a rencontrée au détour d'une poubelle. Maria Assunta, une « mèrachats » avait de l'âge et de la fortune. Elle a tout légué à son Tommasino d'amour. La loi italienne (qui n'est pas la seule dans ce cas) interdisant qu'un animal reçoive de l'argent en héritage, la justice a ordonné la répartition de cette coquette somme entre des associations d'aide aux animaux. Ainsi doté, même si virtuellement, Tommasino est le chat le plus riche du monde.

13 - LE LIBERTINAGE

De la libre-pensée du XVIIIe siècle, l'homme n'a retenu que le style de vie sexuel. Le libertinage est dorénavant l'amour en cuir ou en dentelle, cul par-dessus tête, avec sa compagne ou pas. Pour que l'amour perdure au-delà des deux, trois ou sept ans syndicaux, la solution serait de lâcher la bride, et même le cou, et encore plus l'épaule et la taille, bref de se lâcher. L'homme au sexe irrémédiablement lisse cherche le piquant dans quelques piments, pas trop brûlants, à saupoudrer sur sa sexualité.

L'échangisme

Monogame dans la plupart des cas, puisque propriétaire et croyant, l'homme a concocté une recette de polygamie en sauce light. Il s'autorise un ou des autres partenaires, mais en présence du légitime, tandis que le légitime en a autant à son service. Difficile à comprendre, pour qui n'a jamais joué aux billes dans la cour de récré, d'autant les humains, c'est blanche litière et litière blanche. Ils ressemblent tous. L'échangisme se déroule sous abri, comme pour manger dehors, il y des maisons consacrées, mal éclairées, meublées dans un style contestable à dominante écarlate, tout de matelas à eau recouverts de plastique, de bains à bulles et de murs à trous-trous. Dans l'hypothèse où l'homme serait doté d'un naturel méfiant, il ne pratiquera qu'avec des amis sybarites. L'échangisme, c'est un peu un dîner arrangé, avec deux desserts. Tandis que cela soupire, râle et discute, nous sommes confinés dans une pièce à part avec les manteaux et les sacs à mains, et ce n'est jamais décevant, il y a là aussi des nouveautés exotiques à explorer.

Les touzes

L'expression « une chatte n'y retrouverait pas ses petits » a été inventée par un spécialiste des parties fines, appelées fines pour faire oublier qu'elles sont assez lourdingues et brutes de décoffrage. C'est de l'échangisme à la puissance quatre, de l'amour en tas, où la qualité cède parfois le pas à la quantité. Douze (qui rime avec partouze) est un bon chiffre, à augmenter ou diminuer selon la surface carrée et en respectant si possible le chiffre pair (l'impair a mauvaise presse en général et en matière sexuelle en particulier). La suite ressemble au programme du BTS bâtiment et pâtisserie (s'il existait). On épluche, on mélange, on secoue, on râpe, on gratte, on lèche, on tapote, on encastre, on enfonce, on mouille, on détend, on gicle, on laisse tomber et on recommence selon un autre arrangement. Le tout baignant dans une musique et des parfums trop forts. Après ce genre d'exercice, les humains sont contents, leur balance hormonale est à l'équilibre, ils sont à la fois repus et fiers. Le sexe rend l'homme, surtout quand il descend du lapin, fier.

> Quelle colossale rigolade, ce polyamour ! Entre la chatte qui peut porter dans une même nichée des petits de pères différents et le chat de ferme qui honore l'une après l'autre les femelles du logis dans leurs périodes fastes, la notion de prodigalité sexuelle est dans l'ADN du chat. Qui n'a pas besoin de ce cache-pot hypocritement nommé amour !

9 semaines ½

Si les semaines sont trop longues, l'option 9 minutes ½ existe en magasin. Soudain, un inconnu vous offre non pas des fleurs, mais la botte (le chat botté, et même Potté, pas plus que potelé, n'est pour rien dans cette affaire). Pas de blablas, pas de chichis, pas de roucoulades, pas de « *come si chiama* », pas de « *I love you* », pas de romantisme, pas de papier cadeau, pas de bolduc à spirale, pas de valses de Vienne, pas de promesses, pas de présentations, pas de plateau-repas, ils foncent droit au but. C'est-à-dire dans les toilettes d'un grand magasin ou le placard à balai de l'hôpital, à l'arrière d'une voiture ou dans un ascenseur coincé entre deux étages. C'est de l'étreinte pure et dure, sans la moindre fioriture. Après le quick-sex, on ne se quitte pas bons amis, pas plus qu'ennemis, il n'est pas prévu au programme de faire connaissance.

Le Kamasutra

Dans sa quête acrobatique pour ne pas faire l'amour à la papa, l'homme se plaît à multiplier les positions. Celle naturelle de l'homo erectus, quand il n'a pas à la fois le ventre rebondi et le sexe court, est mâle allongé sur femelle. Ne voyez aucune cathophobie (la cathophobie avec un « h » n'est pas une position, mais la maladie psychosomatique d'une majorité qui éprouve l'envie de connaître le statut de victime) dans ce missionnaire. Au contraire, c'est là un hommage à ces hommes d'Église pieux et dévoués qui, soucieux d'éduquer les civilisations barbares, n'ont pas omis de les initier à des pratiques sexuelles éloignées de celles des animaux en les obligeant à regarder le visage donc l'âme de leur partenaire. Et destinées à leur prodiguer le moins de plaisir possible tout en conduisant sûrement les spermatozoïdes vers les ovules. L'homme une fois civilisé s'est empressé de mettre en place des plans B, C, D, E, F… La femme s'assoit sur l'homme, hue cocotte. L'homme retourne sa compagne à genoux et voilà une levrette. La minette existe aussi pour le plus grand plaisir des femmes. Pour s'évader du basique, de la baise passe-partout, il a à disposition dans sa table de chevet, un résumé imagé du traité sacré des Indiens. Sans toujours grâce ni maîtrise, il tente des figures imposées : le moulin à vent, le bateau ivre et le charmeur de serpents.

Chez les chats, c'est la femelle qui décide. Si elle ne veut pas, ce sera niet. S'il n'y a qu'un seul mâle, la question du choix ne se pose pas. S'ils sont plusieurs, elle aura tendance à choisir d'abord le plus fort, ensuite un chat inconnu plutôt que connu. Il ne faut pas voir là une recherche d'exotisme, mais un instinct qui évite de se reproduire avec son père, son fils ou son frère. Le tabou de l'inceste est évidemment inexistant chez le chat, mais l'instinct d'une reproduction génétiquement optimale conduit la future maman à choisir un père d'odeur différente.

Le polyamour

Le polyamour a poussé récemment la porte du placard d'un menton timide. Avant, on parlait de cavaleurs et de cocus. Les choses de l'amour étaient poly, mais pas au-delà de deux, ç'aurait été impoli. Désormais au goût du jour, c'est-à-dire dans les pages société des magazines, le polyamour n'est plus obligé de cacher son triolisme assumé sous des références littéraires ni de déclencher les rires avec l'amant dans le placard. Ex-ménage à trois dans la majorité des cas, papillonneur dans d'autres, le polyamour se veut une manière à haute teneur contemporaine et trendy d'aimer plusieurs partenaires en toute équité comme on aime également tous ses enfants ou ses deux parents. Il n'a rien à voir avec la polygamie puisqu'il n'est pas question de polymariage. Les choqués diront que ce n'est que de l'adultère sous (dé) couvert de transparence. Les amis des animaux préféreront la définition du polyamoureux en chat avec des sentiments.

14 - ET DIEU DANS TOUT ÇA

L'homme a inventé Dieu le jour où il a eu besoin d'un responsable du service après-vente à engueuler en cas de dysfonctionnement, de maladie, de perte du mode d'emploi et de guerre des mondes. Après quelque temps d'acclimatation à ce grand tout et de mise en doute de son existence, des hommes à la stature supérieure et fondamentale se sont élevés par dessus la mêlée. Leur parole est étudiée, reproduite, transmise, analysée. Ils détiennent des réponses aux questions que se pose l'homme quand il travaille du chapeau. S'ils sont pris pour des dieux ou tout comme, eux-mêmes ne se prennent pas pour tels, et ne croient pas aveuglément en Dieu.

Dieu(x)(tout est religion)

Qu'il y en ait un ou plusieurs, que ce soit le père ou le fils, qu'il fasse se prosterner les hommes du nord de l'Occident ou du sud de l'Orient, Dieu est toujours un peu le même. Une entité immatérielle qui décide de tout, un superman sans slip qui ne se montre jamais, une essence immortelle sans être en vie pour autant. Où qu'il se trouve, il voit et entend tout (le pauvre). On le prie, le supplie, lui offre des vierges ou des cierges, jusqu'à parfois le prendre pour un distributeur automatique de vœux exaucés et de miracles avérés. Les philosophes ne l'ont pas plus vu que les autres, ce qui ne les empêche pas d'en parler et de s'écharper à propos des preuves de son existence. Les associations de dieux par douzaines tendent à se raréfier, en échange de quoi ils sont visibles. Dans les musées. L'époque moderne, celle qui a inventé le shampoing deux en un, les tissus wash & go et le gaufrier-grill a aussi rationalisé Dieu : unique, il est plus pratique.

Karl Marx (tout est politique)

Pourfendeur des différences de classes et de l'économie capitaliste, cette idéologie inique qui veut que l'homme dominant garde les meilleurs morceaux et ne concède que ses restes au chat, Karl Marx espérait que dans un combat forcément victorieux, les gens d'en bas (supérieurs en nombre aux élites des sommets) allaient lutter et décrocher l'égalité. En attendant ces lendemains qui miaulent, les chats se sont inspirés, comme Karl, de la dialectique hégélienne pour renverser les rôles. En faisant semblant d'être les esclaves des hommes, ils en sont devenus les maîtres. Matérialistes bien avant Marx, les chats n'ont rien à apprendre à la lecture du *Capital*, donc ils ne le lisent pas. Sans se réjouir des trémulations du capitalisme libéral, ils peuvent envisager son issue prochaine sans craindre pour leurs croquettes. Au nom de Marx, il y a eu des révolutions, mais son église est de plus en plus vide, un peu comme les fumeries d'opium.

> Le chat n'a, en principe, ni dieu ni maître ni croquettes. (S'il mange des croquettes, c'est une concession dans le cadre de son emprise sur l'humain.) Le chat EST un dieu. Pour l'homme. Les Égyptiens de l'Antiquité, dans leur infinie sagesse, vénéraient Bastet, chatte déesse ainsi que le Grand Chat d'Héliopolis, incarnation parmi d'autres de Râ, dieu du soleil. En Anatolie, Cybèle et Kubaba sont des déesses félines.
> De nos jours, ceux qui jouent à « Donjon et Dragons » côtoient Sharess, la Dame dansante et la Mère des chats, divinité du royaume de Mulhorand, sous les traits d'une belle femme sensuelle à la tête de chat.

Groucho Marx (tout est rigolo)

Grosses lunettes et moustache fournie, le plus bavard des frères Marx a prêché qu'il fallait manger cinq pitres et clowns par jour.

Sigmund Freud (tout est sexuel)

L'homme, qui envie au chat son ataraxie, va chaque semaine s'allonger sur un autre divan que le sien. Moyennant un tarif conséquent pour une si courte sieste, il lui arrive, disent les mauvaises langues, d'endormir aussi son interlocuteur. Le père du divan pour parler du désir se nomme Sigmund Freud, le premier à comprendre que l'on pouvait soigner l'homme en trifouillant dans sa tête autant que dans les tripes, mais pas de la même manière. Point besoin d'ouvrir autre chose que la bouche. Selon le dieu de la psychanalyse, l'homme est la créature de son inconscient, ce Jimini Cricket facétieux qui sait tout, n'oublie rien, décide de la sexualité, des lapsus, des névroses et des répétitions. Indécrottable nombriliste, l'homme au premier pet de travers traînera ses animaux chez une version psy de celui dont on ne doit pas dire le nom : le vétérinaire comportementaliste. Alors qu'il est clair que c'est lui le caractériel qui a besoin d'une consultation, pas son chat.

Le chat de Schrödinger réussit le tour de force d'être et de ne pas être. Erwin Schröndinger, assisté de son chat, a brillamment démontré en 1935 qu'il est absurde de tenter d'appliquer la physique quantique à des objets ou des sujets plus grands que l'atome. Le chat, vivant et mort à la fois à cause d'un électron farceur, tel est le paradoxe engendré par cette physique compliquée ! Dans la vraie vie, le chat enfermé dans une boîte à malice en compagnie d'un marteau et d'une fiole de gaz empoisonné aurait une chance sur deux d'être vivant – ou mort. Aucun chat n'a été maltraité pour cette expérience, purement théorique.

Albert Einstein (tout est relatif)

Albert Einstein, quand il ne tirait pas la langue comme un chat qui bâille, était une lumière. Il s'est intéressé de très près à l'effet photoélectrique et a mis au monde deux beaux-enfants compliqués, mais très doués : la relativité restreinte et la relativité générale. Il est le père de la plus connue des équations : $E = mc^2$. Une histoire de matière et d'énergie, et il en faut de l'énergie et de la matière grise pour comprendre. Grâce à Einstein, on peut savoir, assis dans un train arrêté, si c'est son train ou celui d'à côté qui se met en route. Ou bien comment, dans « Star Trek » ou « Stargate », les vaisseaux sautent comme des puces dans d'autres univers. Du côté des quantas, Einstein était au taquet, son produit phare restant la relativité. La preuve, on ne peut parler de quoi que ce soit sans un cadre référentiel. On ne dit pas « Mon chat est le plus beau », mais « Mon chat est le plus beau du monde ».

Kurt Cobain (tout passe)

L'homme, malgré moult recherches pour vivre sémillant et épanoui jusqu'à 100 ans, éprouve une fascination pour les jeunes morts. Un âge l'interpelle parmi tous : 27 (soit à peine plus qu'un rustique chat de gouttière hébergé dans un appartement chauffé à 23°C, nourri à la viande bio saupoudrée de levure de bière et de souris élevées sous la mère, soigné au premier pet de travers et disposant d'une terrasse arborée et sécurisée). 27 ans, c'est l'âge où disparaissent les bardes rebelles : Kurt Cobain, Amy

Winehouse, Jim Morrison, Brian Jones, Janis Joplin, Jimi Hendrix… Emportés en pleine jeunesse, idoles doublement adorées puisque décédées, ils rappellent à l'homme que son séjour n'est que temporaire, et qu'un jour, ça casse.

15 – CARNAVAL OU CAVALIER

L'homme s'ennuie. Pour se distraire de sa lassitude, il se pique la ruche avec des substances à haut pouvoir psychotrope (alcool, GHB, cigarettes natures ou à la moquette, médicaments, télévision). Rien n'y fait, jusqu'à l'amour qui même kamasutrisé est gagné par l'anémie. Pauvre petit humain qui ne sait à quel sein se vouer ! Conjointement à la recherche de ce piquant qui lui faisait cruellement défaut au chapitre 13, il fouille la malle aux accessoires pour donner à ses accouplements une plus-value d'altérité, de relief, de fantaisie, d'extra-territorialité…

Sens dessous

Si la femme a le sexe proprement rangé à l'intérieur de son corps, l'homme porte le sien ballant sur ses couilles débraillées (puisque lui, personne ne les lui coupe). À défaut d'être équipé pour rétracter son pénis, il le fourre comme il peut dans un slip ou un caleçon, à l'élégance hasardeuse. La femme, qui gère le bon goût pour deux, a tenté de le convertir au boxer plus seyant, ce slip à manches moule-burnes en vogue dans la communauté gay, très intraitable en matière de mode et de style. Dans l'autre sens, comme l'homme est toujours flatté et regonflé (dans son orgueil, entre autres, mais pas que) lorsque la femme enveloppe ses globes dans des frous-frous de dentelle, cette dernière a pris au fil des siècles l'habitude de soigner cet aspect de son prêt-à-porter. Particulièrement quand elle veut enflammer son binôme, elle troque les sous-vêtements en coton bio ou microfibre pour des ensembles de guipure et de satin.

Cuir et latex

L'amour vache, c'est l'amour qui fait mal (et pas meuh). L'amour avec des griffes (pas les nôtres), avec des dents (l'aurions-nous inspiré ?), avec des liens, avec des masques, avec du cuir ou du latex, l'amour en noir et rouge. C'est du mal pour de rire, mais ça fait autant de bruit que du mal pour de vrai, avec des claques et des cris, des ordres et des vocalises. Il y a des ustensiles, cachés au quotidien, qui sentent le fauve et le renfermé. L'homme, épaté par sa propre audace, appelle cela des jouets, ou des instruments, selon qu'il joue ou qu'il opère, et quand il a fini de les essayer tous, ce sont en effet de bien beaux jouets. Des cordes de chanvre en tous points supérieures au sisal des griffoirs, des sacs solides cachettes idéales, des lanières à mordiller, des chaînes à traîner. Une juste récompense en contrepartie de la destruction de l'ordonnancement habituel de nos meubles et des hurlements de la sono (au choix « Les plus beaux yodles de nos montagnes » ou « Le mystère des voix gueulardes ») pour masquer aux voisins le raffut engendré par sa passion remuante et hurlante.

Surfant sur la mode récente de l'éradication impitoyable des rares poils ayant survécu au passage des siècles et du rasoir, une vieille marque de dépilatoire qui se cherchait, à travers un public de jeunes filles, une nouvelle jouvence, a dévoilé une mini comédie musicale animée. Tous les sens (deux donc) du mot minou étaient convoqués et tenus de rimailler avec doux. Dans son refus d'appeler une chatte une chatte, la marque a suscité rires et mépris, et zou, aux égouts, la crème, la ritournelle nigaude et le minou tout doux.

Peluche et laine mohair

Un homme déguisé en chat, des coussinets aux oreilles, il faut le voir pour le croire. Au début, seules quelques prépubères nippones (pays béni entre tous, ce Japon où les chats sont des porte-bonheurs) glissaient dans leurs cheveux un serre-tête à oreilles « Hello Kitty ». Des adolescentes leur ont emboîté le pas, avec des oreilles plus grandes et réalistes, parfois mobiles. Prémices que tout cela. Les plus fétichistes assument leur goût de la laine douillette et de la peluche. Enfouis des pieds à la tête dans des combinaisons ou des ensembles de mohair moelleux, ils se retrouvent pour se serrer les uns contre les autres, s'enlacer, s'étreindre, se frotter. D'autres, préférant la peluche à la laine, se déguisent en chat, en lapin ou en nounours, pour des fêtes bon enfant, presque innocentes, comme s'ils se contentaient de l'effet thérapeutique et bienfaiteur de la fourrure caressée. Quand ces « furries » ont réussi dans la vie, on les retrouve dans les pubs Orangina.

Le chat est-il pour l'homme un animal à forte connotation sadomasochiste ? Non seulement il parle à tout bout de champ de ses nombreux autres chats à fouetter, mais encore, il a nommé chat à neuf queues un instrument de discipline particulièrement barbare, des lanières cinglantes terminées par des petits crochets métalliques. Même si personne ne l'a surpris à fouetter ses chats avec neuf queues brutales, cela donne à réfléchir.

Panoplies et déguisements

Tu es ma femme, je suis ton mari, je suis ta compagne, tu es mon homme, c'est su, connu, reconnu, appris par cœur, validé du tampon officiel des institutions idoines, c'est aussi romantique qu'un numéro de sécurité sociale, aussi romanesque que de descendre la poubelle. Pour s'éloigner de l'ordinaire, comme des enfants qui jouent au docteur ou aux cowboys, les parents jouent aux indiens et à l'infirmière. Ou au sultan et à l'odalisque, à la matonne et au prisonnier. Sans costume en peluche ou en polyester, ils nous singent quand ils décident de jouer au chat et à la souris ou à la dompteuse et au lion. Drôle d'espèce que ces bipèdes, si mal dans leur peau qu'il leur en faut au moins une de rechange. Que de complications pour une érection !

The Mile High Club

À défaut de changer de peau, l'homme garde la sienne, mais la trimballe dans un autre environnement, si possible insolite et compliqué d'accès, comme l'avion. Il existe un club (non formellement constitué) dont sont membres d'office tous ceux qui ont fait l'amour à plus d'un *mile* (1 852 mètres) d'altitude (les alpinistes ne peuvent postuler). Pourquoi l'amour en l'air ? Il se dit (mais on dit tant de choses) que l'altitude décuple les sensations. Comme l'interdit. Le confort n'est pas le but, ce qui compte, c'est la performance, le frisson, l'adrénaline. Les lieux où il n'y a pas un chat, pour baroques qu'ils puissent être, ne sont pas aussi excitants que ceux où il y a, en bonus, le risque de se faire choper (dans la société des hommes, faire l'amour en public ou même seulement exhiber ses organes génitaux est puni par la loi). Voilà pourquoi il y a quelques spécimens qui font ngolo-ngolo dans un confessionnal, un caveau de famille, un ascenseur, une plage la nuit, de la neige le jour, la banquette arrière d'une voiture, un arbre, un cinéma, une piscine, la table de la cuisine, la baignoire pleine à ras bord, un sauna, un bureau… Tout sauf un bon lit !

16 - VIAGRA ET SUBTERFUGES

« Quand ça ne veut pas, ça ne veut pas » dira le chat en allant s'étirer au soleil pour une sieste réparatrice. Quand ça ne veut pas, l'homme veut obstinément et il utilise la science. Au lieu de se réjouir de n'avoir plus à battre la campagne ni à courir le jupon pour repeupler la région, encore moins à se mesurer à ses congénères pour enfin savourer un repos bien mérité, l'homme fait appel à la pharmacopée ou à la mécanique hydraulique pour se mettre au garde-à-vous à la demande. À sa demande.

Toujours prêt !

L'homme nous aura appris qu'il existe des pilules, ces croquettes qui soignent, pour toutes sortes de choses : les bobos, le dodo, le popo, les rototos et la libido. Dans les contes de son enfance, fées et mages mitonnaient des philtres, destinés à faire éclore l'amour chez l'amant distant. Dans sa vie d'aujourd'hui, des laboratoires font fortune en mettant au point Viagra® et Cyalis®, des cachets d'amour, à gober pour hisser les couleurs. Quand le désir est là, bien là, mais que cette seule émotion ne fait pas fonction de levier, l'homme avale discrètement son comprimé avant de se présenter fier comme un pou et baïonnette au canon devant la jeune (le plus fréquemment) et naïve personne pour qui il s'est ainsi mis en frais. Que de chichis ! L'homme n'a pas de chance, sa vie est longue et semée de terreurs. Outre celles portant sur le salaire des cadres et le prix du mètre carré en centre-ville, il a, adolescent, peur de ne pas avoir assez de poils puis, adulte, la trouille de perdre ceux de son crâne tout en maudissant ceux de ses épaules, et enfin, quand il assume son système pileux (naturel, épilé ou repiqué), c'est la débandade.

Pompes et pistons

Un pénis n'est pas un pneu, mais obsédé par son mantra « plus c'est grand, plus c'est épatant », l'homme rêve de pouvoir gonfler son sexe comme la femme ses seins, avec de l'air, de l'eau, du sérum ou même du silicone de contrebande. Après la grenouille qui voulait se faire plus grosse que le bœuf, voici le sexe qui voulait se faire plus grand que la trompe (l'autre) d'éléphant. Gonfler, c'est gonflé, mais c'est une idée. Un ingénieux a recyclé une pompe à vélo, l'a démontée, retournée, et hardi piston, il ne faut pas avoir froid aux yeux (ni ailleurs). La pompe à vide crée un afflux de sang et, forcément, ainsi congestionné, le sexe semble plus gros (un peu comme le nez d'un ivrogne). C'est l'effet ventouse. Les apparences, méfiance, sont des baudruches.

L'herbe à chat (cataire, mais aussi valériane en cas de rupture de stock de la première) n'est pas le seul excitant du chat. L'huile d'olive en plonge certains dans des affolements à peine croyables. La menthe et le camphre (principaux ingrédients du baume du tigre) ne sont pas mauvais dopants non plus. Mais ce n'est que pour planer, pas pour aller au charbon. Sauf à fréquenter toujours la même camarade de jeu, le chat ne perd pas une miette de sa vigueur et de son entrain.

Déshabiller Pierre pour habiller Popaul

Il y a dans le monde une vingtaine d'hommes souffrant d'une quasi-anomalie de la nature : un sexe largement plus grand que la moyenne. L'organe a décidé de leur orientation professionnelle : acteurs de films pornographiques. L'homme, s'il ne pratique aucun sport donc aucun vestiaire et douche commune, ni ne couche avec des mecs, ne sait pas grand-chose de la physionomie du sexe des autres. Sauf de celui de la vingtaine de hardeurs qui peuplent les films et les photos qu'il lorgne en cachette. En comparaison, le voilà bourrelé de complexes, persuadé que c'est là la cause de l'échec de sa vie sexuelle (et de sa vie tout court), honteux et malheureux. Les plus courageux prennent en mains une décision et leurs économies pour qu'un homme en blanc armé de scalpels et d'aiguilles leur prélève du gras dans la fesse avant de le réinjecter dans la verge. Ainsi customisée, cette dernière gagne en épaisseur, ce qui ravit son propriétaire. Il aura, au prix de grandes douleurs physiques et budgétaires, appris que la circonférence comptait plus que la longueur.

> Sombre affaire devant le tribunal milanais de l'« AIDAA », l'Association italienne des droits des animaux et de l'environnement. Un homme a accusé son chat de se placer délibérément sur sa couette pour le déconcentrer au moment d'accomplir son devoir marital. L'épouse, plus pragmatique, argue qu'en vérité, le chat a bon dos, c'est son mari qui n'a plus envie d'elle. Afin de déterminer si le chat est voyeur ou son maître impuissant, le juge a ordonné à l'animal une interdiction de lit conjugal pendant trois mois. Si à l'issue de ce délai, la panne persiste, le chat pourra regagner la couche et regarder ce qu'il souhaite.

Et la femme ?

La femme qui n'a plus envie de jouir n'en fait pas un fromage, s'il le faut, elle simulera. L'homme, qui confond phéromones et parfumerie de niche, agitera son désir pour deux. La pilule bleue n'étant destinée qu'aux garçons, les laboratoires ont à l'étude son homologue pour femmes. Entre l'humain et les médicaments, c'est une grande histoire d'amour, il n'est que voir tous ceux qu'il donne à ses chats, il a donc médicalisé l'anorgasmie. D'ici là, madame, choisit une parmi des crèmes plus glissantes les unes que les autres, afin d'accueillir moelleusement son monsieur qui, l'âge n'aidant pas, va mettre des éternités et des poussières à en finir. Si la chair est triste, pourquoi ne lisent-ils pas plutôt des livres gais ? Quant aux femmes dont le désir flamboie, pas folles, elles iront pousser leur caddie dans les rangs de perdreaux de l'année !

La jouissance par les plantes

De tout temps, à tout âge, qu'il soit homme ou femme, le bipède a déployé des trésors d'énergie et de jus de crâne pour trouver l'aphrodisiaque absolu, plus que parfait et pas cher. Ce qui l'a plus d'une fois rendu malade comme un chien, presque mort. Alors qu'il peut trouver des plantes réputées émoustillantes dans son jardin (persil, céleri, asperges), il préfère fouiller dans les ressources des contrées exotiques, rapportant des potions bizarres comme le bois bandé, des spécialités effrayantes comme les mouches cantharides et des piments pyromanes qui lui mettront le feu au mauvais endroit. Le sage ne voyage que dans son livre de recettes, il prépare un dîner qui commence par des fruits de mer et finit par des pommes à la cannelle. Pour l'effet placebo, il suffit d'y croire.

17 – PARTENAIRE PARTICULIER

Contrairement au chat, l'homme ne devient presbyte qu'au mitan de la quarantaine. Jusque-là, il voit remarquablement bien de près, et si ce n'est pas le cas, il dispose d'une paire d'yeux de secours. Ce qui ne l'a jamais empêché de s'apparier avec des êtres ou des choses qui rendent son couple très différent des représentations d'Adam et Ève (voir chapitre 10) en circulation dans les musées et sur les cartes postales. L'amour n'est, une fois de plus, pas systématiquement l'expression tripale de la perpétuation de l'espèce. L'homme sait se montrer pulsionnel quand le sentiment s'émousse.

Un autre soi-même

Comme bien plus d'animaux que les associations de familles bigotes et les adeptes de religions monothéistes ne peuvent l'imaginer (1 500 ne serait pas un chiffre exagéré), rien n'empêche l'homme de faire sa vie et son amour avec une personne du même sexe que lui, et ce depuis la plus haute antiquité. Et d'adopter un enfant quand la législation ou la débrouille le permettent, s'il en a le désir. Moins bas-bleu que les ligues et les coincés, les chats trouvent pareil bonheur chez les gays, les lesbiennes, les bi et les trans, du moment que les croquettes sont bonnes et les canapés cosy. Les lions sont bisexuels, les manchots pédés comme des phoques et capables de couver des cailloux quand ils se mettent à la colle, les bonobos bouffent à tous les râteliers, les araignées, de mer ou pas, les perdrix et les cailles, les dauphins et les girafes ne dédaignent pas l'homosexualité, alors que l'homme, mammifère supérieur comme les autres, en soit, où est le scoop ?

Sans se dégonfler

La poupée gonflable est un gros ballon qui, avec beaucoup d'imagination et de solitude, peut être pris pour une femme. Pour des raisons anatomiques, la même poupée gonflable en version masculine ne passera que très difficilement pour un homme, ou alors juste trois minutes après beaucoup d'alcool. (Nonobstant, il s'en vend.) Le chat ou la chatte gonflable n'est pas dans les cartons, et ne le sera pas tant que les chats auront des griffes et sauront s'en servir. Seul le leurre pour chien est en circulation et en plastique dur. Mais qui sait, entre la poupée gonflable devenue poupée moulée et les avancées de la recherche en robotique, un de ces jours l'androïde sexuel sera au point, et on verra probablement des compagnons à moteur et mémoire de forme pour animaux domestiques. Le revers de la poupée moulée (exclusivement en modèle femme), ce must en matière de compagne synthétique, est qu'elle est plus compliquée à ranger discrètement que son ancêtre (dé)gonflée. Les femmes, encore une fois, sont les grandes perdantes à ce rayon (c'est connu, la société phallocrate a toujours adoré nier le désir des femmes), ne disposant que d'un malheureux oreiller boy-friend manchot, pour se blottir contre pendant leur sommeil.

Ce n'est pas que par confort et délicatesse que les chats se collent, se roulent, se dandinent et s'agitent contre et dans les laines mohair, les peignoirs, les plumeaux, les peluches, les doudous et autres produits textiles moelleux et douillets. Il y a des signes évidents. Si le bassin bascule et danse en rythme, si le miaulement se fait plus insistant, c'est que le gilet cachemire ou le tapis de bain en bouclettes font des chattes très convenables.

L'amour des animaux

Le « mèràchatisme » est la seule forme d'amour des animaux qui échappe à la zoophilie. On n'aime, d'une manière générale, jamais assez son chat. D'autres humains, aux antipodes de cet amour noble, n'ont qu'attirance sexuelle pour les animaux, et s'ils leur prodiguent des gâteries, cela ne signifie pas distributions de friandises et de bouchées délicates. Cet amour est interdit à mille et un titres, juridique, religieux, social… Alors que jamais il n'a été question de revenir sur ce tabou, des philosophes (un au moins, Daniel S. Milo) s'interrogent aujourd'hui sur ce paradoxe (humain, trop humain) : l'homme a le droit de manger les animaux, certes morts, y compris domestiques (la vache !), mais il lui est catégoriquement interdit de leur faire l'amour, quand bien même ce surcroît de tendresse ne causerait aucun mal ou dommage aux participants. Qui sait ce que répondraient brebis et chiens s'ils étaient en mesure de le faire ? La question reste posée, de manière totalement théorique (sauf chez certains légionnaires, bourgeoises et bergers esseulés).

Le lapin, le yorkshire, peu regardants sur leurs partenariats, n'hésiteront pas dans leur lubricité congénitale à tenter de chevaucher chats ou chattes, sans pincettes ni sommations. Ils ne risquent pas de leur faire de petits, n'ont aucune idée du sexe de leur partenaire, pas plus qu'ils ne sont sensibles aux variations saisonnières des phéromones. Le chaton lui-même n'est pas des plus orthodoxes en matière d'apprentissage sensuel et s'en ira tester au petit bonheur la chance. En cas de grosse carence, de très grosse carence, que lapin et yorkshire regardent dans leur dos, coucou, c'est le chat !

Auprès de mon arbre (entre autres)

Ce ne sont pas des satyres, ni des faunes, encore moins des loups-garous, pas même Tarzan, mais l'appel de la forêt est le plus fort et ce n'est que contre un arbre, l'essence importe peu, que les sens jubilent. Sylphides improvisées, ils et elles se frottent contre vieux chêne ou jeune bouleau, peau contre écorce, les pieds dans l'humus. Nature ou contre nature ? Quelque part entre la poupée moulée et la femme, aussi inanimé que l'arbre, mais articulés, artificiels et sans orifices, il y a les mannequins de vitrines (et pas les anorexiques des podiums), aimables aux yeux (et plus) de certains. La liste des objets de désir et sujets de plaisir est longue, tout est possible pour franchir le cap de l' orgasme, le fétiche se niche partout, dans une chaussure à talon très haut, un téléphone pour passer un coup de fil obscène, une maxi-couche pour se déguiser en bébé, un judas pour regarder d'autres faire l'amour, les larmes de son partenaire…

Tabou, ne pas toucher

L'homme ne couche pas avec sa mère, son père, son frère ni sa sœur. Les cousins issus de germains, les oncles et les tantes, sont compris dans cet interdit, la loi s'en est mêlée, pas de sexe entre gens de même sang, de l'amour oui, mais pas physique. L'avantage est de prémunir la race humaine des ravages débilitants de la consanguinité. Aujourd'hui, avec 7 milliards de terriens, l'homme trouve facilement l'amour ailleurs que dans la cellule familiale, surtout hors les zones désertiques. L'ennui réside dans une absence d'éducation sexuelle saine et amicale de l'enfant. Ses premiers pas (voir chapitre 6) sont gauches et de maladroits, faute d'initiation par sa mère, son père, ses frères et ses sœurs (aînés). Et quand il l'est, ce n'est pas de l'initiation, c'est du viol, trois fois hélas il n'a rien demandé et, malheureuse victime, il en souffrira toute sa vie. Mais parole de chat, je ne mettrais pas ma patte à couper qu'il y a quelques siècles, ce genre de travaux dirigés et d'alliances n'existaient pas.

18 - CONTRACEPTION & PLAISIR

La femme ne met bas, en moyenne, que deux petits en 45 ans, souvent un seul, rarement trois, au-delà on est dans l'exception statistique. Chez le bipède, la sexualité n'est un moyen de reproduction qu'à titre accessoire, du moins dans les sociétés modernes et occidentales. Le coït est un moyen de transport amoureux, certes, mais surtout un train express pour le plaisir, un plaisir à nul autre comparable, infiniment plus fort que celui procuré par la nourriture, la curiosité et le sommeil. Et pour que ce plaisir soit sans nuages, il vaut mieux éloigner tout risque reproductif.

Plaisir contre travail

La principale activité de l'homme est le travail. Le travail est (étymologiquement aussi) un triple supplice du pal et la condition *sine qua non* de sa survie économique. C'est en échange de longues et fastidieuses heures (jours, mois, années, décennies, jubilées) de boulot qu'il peut s'offrir nourriture, toiture, vêture, voiture et élever ses enfants, ses chats, ses aspirations. Le travail est la sueur qui perle à son front, le tracas de ses jours, l'ennui de ses nuits, l'angoisse de ses rides. En avoir l'épuise, ne pas en avoir le détruit. Même jardinier ou paysagiste, l'homme a perdu l'Éden et il n'est pas près de le retrouver. Sa seule source de plaisir (presque) toujours renouvelable est la sexualité. L'orgasme est sa drogue licite, son soleil de minuit, la gomme de ses soucis, le sens de sa vie. (Toutefois, des informations sourdes, mais persistantes et alarmantes font état d'un nombre croissant d'individus qui préféreraient aux jeux de l'amour les jouets informatiques, ordinateurs, tablettes tactiles et smartphones.)

Famille nombreuse, famille heureuse

Dans les sociétés qui pratiquent les transports en commun et proposent un tarif réduit aux familles nombreuses, nombreux est égal à trois. Dans des zones plus méridionales du globe, tant que le nombre d'enfants n'est pas à deux chiffres, c'est petit bras. La famille nombreuse chez l'homme n'est pas sans mérite quand on sait que la parturiente, au bout de ses neuf mois de croix et bannière, ne produira qu'un seul nouveau-né (rarement deux, exceptionnellement trois et huit en cas de traitement contre l'infertilité qui aurait trop bien réussi). Sans oublier l'impossibilité, sauf anomalie rarissime, de faire cohabiter deux ou trois enfants de pères différents dans un même utérus ; le sevrage qui n'en finit pas ; les dommages spermaticides des slips trop serrés ; la fréquence des migraines et des lombalgies. Ce n'est pas gagné pour la grande famille. En compensation, l'homme a développé un goût exagéré pour les réunions de famille.

Ce que l'homme fait au chat (couic), il ne risque pas de se l'infliger. Un poil contradictoire avec l'assurance répétée mille fois que son désir le plus cher serait de se réincarner en chat, de préférence le sien (comme s'il avait plusieurs vies). Certes, le jour où il amène le chat se faire arracher les gonades, c'est avec le cœur au bord des lèvres de culpabilité et pour d'excellentes raisons à haute teneur humanitaire (éviter à la chatte le cancer de la chaîne mammaire et au mâle de se faire écraser par une voiture au premier chant d'amour d'une femelle en manque). Heureusement, il n'ajoute pas l'insulte à l'outrage comme ces maîtres de chiens qui font greffer des fausses couilles à leur dogue émasculé, afin que ce dernier ne perde pas sa superbe.

En avoir ou pas

L'un dans l'autre, l'homme et la femme pourraient avoir un enfant par an pendant une grosse vingtaine d'années, ce que personne ne veut, entre le prix du logis, la multiplication des nausées et la hausse du chômage, cela ne pourrait que finir en apocalypse. L'homme a mis ses neurones au service d'une juste cause : dissocier la fécondation de la fertilisation. L'abstinence n'étant pas une option valide pour qui envie la sexualité du lapin, l'homme a étudié toutes sortes de solutions. Après avoir expérimenté des petits capuchons élastiques et fragiles, un pont-levis dans l'intimité de madame ou un intrus de cuivre dans la matrice, un acrobatique et périlleux retrait in extremis, des savantes et foireuses statistiques croisant température et calendrier, il a une fois encore trouvé son salut grâce à la chimie et à la médecine. Verrouillage des canaux ou pilule contraceptive sont des méthodes sûres (autant que faire se peut, comme dit l'homme en se rasant, « le zéro défaut n'existe pas »). L'homme préfère la pilule (que jamais il ne donnera à sa chatte de peur qu'elle en développe un cancer) puisque c'est sa femme qui l'avale.

La physiologie de la chatte est un savant mélange de stratégie guerrière et de secoue-moi que je t'attrape. La chatte n'a pas de cycles. À chaque rapport, sous l'effet du mâle missile, elle largue un ovule, et paf, fécondation. Il en est ainsi à chaque coup, ce qui permet d'avoir des chatons de pères différents, même si en général, le plus vigoureux du secteur défendra son territoire et sa femelle. Mais si madame chat s'échappe, erre et croise bonheur ailleurs, la portée n'en sera que plus variée, la fille du chat du facteur a de belles couleurs.

Castrats sans fracas

On peut considérer, en exagérant à peine, que, sous certains aspects, l'homme marié est un eunuque. Même si ce dernier (l'homme marié, pas l'eunuque) s'empresse de démentir et propose de démontrer par A + B que, bien que bagué comme un pigeon, il n'a rien d'un chapon. Combien de beaux étalons (ou de nerveuses pouliches) au physique de statue grecque, aux boucles drues et brillantes, à la verve oratoire de rhéteur et à l'élégance haute couture se sont métamorphosés, une fois ficelés dans les liens sacrés et en un rien de temps, en ternes personnages rondouillards, mollassons, ne parlant qu'automobile ou football, fringues ou recettes, calories ou alopécie ? Comme s'ils n'attendaient que le plus beau jour de leur vie (voir chapitre 12) pour abdiquer de toute séduction, ce job à temps plein, troquant enfin santiags ou stilettos contre mocassins à pompons et ballerines, oubliant les pellicules sur leur col et les plis à leurs bas. Ni chimique ni physique, mais mentale (parfois sociale), la castration des époux n'empêche pas la multiplication des rejetons, elle se contente de les retenir de s'envoler trop loin du nid.

19 - GROSSESSE ET ÉLEVAGE

Neuf mois, l'éternité autant dire, et pour un seul petit ! Même en le répétant comme un mantra, neuf mois pour un œuf, neuf mois pour un œuf, neuf mois pour un œuf, c'est dur à avaler. La gestation chez la femme de l'homme est impressionnante en soi. Encore plus admirable est la gestion de cette gestation, ainsi que la durée du service après-vente qui avoisine au moins 900 mois quand pas le double.

Souriez les bébés, vous êtes filmés

Lorsque la femme est sûre de sa grossesse, il s'en suit un branle-bas de combat digne des campagnes napoléoniennes.

Au lieu de s'économiser en pensant au marathon à venir, nos deux futurs parents s'excitent comme des puces. À croire qu'ils sont les premiers au monde à enfanter, qu'il y a miracle. Elle devient fragile et caractérielle, vomit au petit matin, fuit notre litière, les poissons crus et le carpaccio, se pince le nez devant les fromages de chèvre, entoure son ventre rond d'un foulard rouge vif comme on en voit aux remorques des poids lourds et mange des fruits exotiques, cherche un prénom à la fois classieux et original (il n'y a pas d'initiale en fonction des années, presque toutes les fantaisies sont permises, et de plus en plus de noms de chats échoient aux enfants, sauf peut-être Potiron, Périphérique et Président). Très au fait de ce qu'est l'enfant à venir alors qu'il n'est encore qu'un micro-astronaute en apesanteur dans le ventre maternel, ses parents lui tirent le portrait à moins cinq mois avant de le poster sur Facebook. De la même façon, la salle de travail sera transformée en plateau de cinéma pour ne pas louper la coupe du cordon.

Arrêt de travail

La femme très enceinte, assimilée malade par l'entreprise, a l'autorisation de rester chez elle dans l'attente des contractions. Au lieu d'en profiter pour regarder des vidéos de lol cats sur YouTube, elle reste à clavarder frénétiquement sur des forums féminins ou médicaux, quand ils ne sont pas les deux à la fois. Elle s'interroge, en compagnie de commensales, sur la normalité du déroulement de sa grossesse, passant en revue tous les maux terrifiants dont elle a les symptômes. Elle vérifie si l'orthographe du prénom qu'elle a choisi sera bel et bien unique : Loukah si c'est un garçon, Lounah si c'est une fille. Elle aurait aimé personnaliser plus encore en remplaçant l'« o » minuscule par un gros zéro, et en collant une majuscule à la dernière consonne, mais ce n'est pas encore autorisé par l'état civil, cet empêcheur de ridiculiser ses enfants (les chats, on peut, il y en a même qui leur donnent des noms humains !). Quand cette suractivité lui laisse des loisirs, elle joue les aiguilleurs des cadeaux de la famille et des amis, afin de ne pas avoir onze youpalas et aucune gigoteuse.

La chatte parturiente lave ses petits, coupe le cordon et mange le placenta aux qualités nutritives inégalées. Les chatons viendront téter toutes les 20 minutes, ça laisse peu le temps de respirer. Puis, pendant les semaines qui suivent, elle leur lèche l'anus pour stimuler le transit, leur apprend la chasse, les initie à la propreté. Les châtiments corporels n'étant pas encore abolis chez les félins, un coup de patte sur le museau redresse rapidement la situation, sinon le sauvageon récalcitrant se verra retourné ventre à l'air et copieusement (mais superficiellement) griffé. C'est ainsi qu'au bout de 10 semaines, le chaton est propre, socialisé, sevré. Et même si ce n'est pas le cas le plus fréquent, il existe des mâles qui font de bons pères de famille. Ou même de bons baby sitters, aptes à s'occuper des chatons quand madame en a marre de torcher les mioches.

Changements géographiques

Pendant que sa femme s'arrondit et que le chat prend plaisir à sommeiller contre son ventre chaud et vivant, l'homme (qui parfois engraisse aussi, que ce soit par solidarité ou par couvade), ne manque jamais d'assurer (pour rassurer ?) à sa chérie qu'elle est superbe et désirable. S'il retient son désir, ce n'est pas du tout par dégoût de ses formes voluptueuses et pneumatiques, mais par crainte d'abîmer le bébé. Jamais on n'aura entendu autant de « je t'aime » que pendant ces mois-là. Ce ventre qui enfle enfle enfle représente l'incarnation de leur amour, le plus beau cadeau que chacun pouvait offrir à l'autre. Le fruit de leurs entrailles, disent-ils, la chair de leurs deux chairs, leurs sangs mélangés Le narcissisme aussi prend du poids !

La fausse grossesse existe aussi chez la chatte, lors d'une rencontre avec un mâle vasectomisé par exemple (ou stimulée volontairement par un substitut, thermomètre ou stylo). Après l'ovulation, un « corps jaune » secrète de la progestérone pendant une trentaine de jours. Ensuite, repos total de quelques semaines pour la chatte.

Mime et anticipation

Une autre manière de se tranquilliser en attendant le terme est la lecture. Pas d'un roman ou d'un atlas, non. Ton sur ton, la femme se plonge dans des livres sur la façon d'élever son enfant (la passion du mode d'emploi, encore et toujours), de l'allaiter, de tirer son lait, de tenir le bambin, de lui tapoter le dos. C'est un peu comme si elle lisait une méthode de guitare sans guitare. Elle se rassemble avec d'autres femmes de sa condition pour assimiler les bases de l'accouchement sans douleur (il est permis de rire) en poussant à bon escient et en respirant comme un petit chien (toujours dans les jeux de quilles, celui-là). Avec son compagnon, elle apprend à bercer le petit encore dans son ventre ou bien à le porter dans une écharpe. Le plus gros avantage d'un emploi du temps plein à ras bord d'activités prénatales est de tenir sa mère, sa belle-mère, sa sœur, ses belles-sœurs et leurs conseils avisés, contradictoires et soulants, à des années-lumière de sa grossesse.

Je veux faire un bébé toute seule

Parfois, l'amour passe sur le mauvais trottoir, prend un autre autocar, change de train une gare trop tôt, a peur en avion, ne parle pas la langue du cru, bref, est aux abonnés absents. Désastre, cet amour était la pièce indispensable pour que l'enfant paraisse. L'horloge biologique tourne, la femme aussi, en bourrique. Elle fera une croix sur l'amour, pour se concentrer sur l'enfant. À défaut d'un porteur sain de chromosomes complémentaires, d'un boute-en-train qui par ruse ferait l'étalon, elle se contentera de la substantifique moelle, que des généreux donateurs anonymes ont déposée dans des banques. Au besoin, elle traversera une frontière ou deux, tous les pays ne voyant pas d'un bon œil la fécondation in vitro des femmes célibataires. Ou gravira la pente de l'adoption. Dans ce cas-là, un plus un sera enfin égal à deux et pas à trois (preuve ultime s'il en fallait encore que l'amour empêche de compter convenablement).

20 - PASSION OU PATHOS

Tragédie, livres, poèmes déferlent en un tsunami culturel au motif que les chants désespérés sont les chants les plus beaux. Même s'il est mille fois plus tragique que tout d'être sans le sou et lépreux dans un pays froid en guerre, c'est l'amour dans tous ses états qui donne le la des chansons, le moteur des films, les actes des pièces et les chapitres des livres. Il rime avec toujours, avec beaux et mauvais jours, avec au secours.

Cinéma

Si des centaines de milliers de films auraient mérité ce titre, il n'y a eu qu'un seul « Love Story » et il a fait sangloter le monde entier, tout ça pour un jeune couple qui avait tout pour être heureux sauf le cancer de la moitié femme de l'unité conjugale. Pour une comédie d'amour (« Quand Harry rencontre Sally ») où l'on rigole du début au happy end, il y a mille « Ghost » et consorts, mélodrames où l'amour est rapidement rejoint par la maladie ou, mieux, la mort. Si l'acteur est très connu, et qu'il serait dommage de se priver de sa présence, il revient en fantôme. À se demander si les humains n'ont inventé le cinéma que pour pouvoir enfin, eux aussi, regarder des fantômes.

Opéra

En matière de chant aussi, les amours désespérées sont les plus vendeuses. Aida, esclave éthiopienne amoureuse d'un officier égyptien, les beaux amants maudits que voici ! La dame aux Camélias, devenue Traviata, tousse autant qu'elle aime, elle part de la poitrine c'est fatal. Carmen, cigarière flamboyante est aimée par l'un, mais en aime un autre, le jaloux est du côté armé de la force, cela va mal se terminer. On se bat d'un bout à l'autre de ce monde qui ne tourne décidément pas rond, pour aller applaudir ces histoires sinistres. En allant mater des amours plus foutraques que les siennes, l'homme se rassure sur le mode « il y a pire, je l'ai vu à l'Opéra (ou sur ARTE) hier. » Quand Tosca, victime de sa jalousie maladive, se jette dans le Tibre parce que son amant est mort, ça a une autre tête que de gâcher une boite de mouchoirs en papier après avoir trouvé un string suspect dans la sacoche de son ordinateur.

Après avoir fait rentrer avec le succès que l'on sait le train en gare de La Ciotat, les frères Lumière ont filmé en 1896 « Déjeuner du chat » et en 1897 « Le chat qui joue ».
« Le petit chat est mort », merci Molière pour la plus connue de toutes les répliques, dans L'École des femmes.

Drama

Roméo et Juliette sont deux jeunes gens fous amoureux, en parfaite santé, mais heureusement pour le théâtre, leur amour est impossible, tellement impossible que aujourd'hui encore et pour plusieurs siècles à venir, il est le modèle indémodable des amours adverses : ils appartiennent à deux familles rivales. « West Side Story », c'est eux aussi. Les amours tragiquissimes sont les piliers du théâtre. Rodrigue, alias Le Cid, a le cœur de Chimène dans sa main, mais de l'autre, il a tué son papa, c'est ballot. Quant à Don Juan, ses victimes se comptent par centaines, il les tombe, elles succombent. Au XIXe siècle, le théâtre a tenté la transformation des amours ratées en amours marrantes. Ce vaudeville qui arpente les trottoirs des boulevards est parfois tellement pétri de comique pas drôle qu'on en pleurerait.

Les chats ne scénarisent pas les films, ils ne sont même pas consultés. S'ils le faisaient, jamais on n'aurait vu dans « Diamants sur canapé » Audrey Hepburn jeter un chat dehors sous la pluie battante ; Bernard Ménez dans

« La nuit américaine » n'essaierait pas d'appâter au lait un chaton candide au risque de lui filer une diarrhée monumentale, Samuel Benchétrit, même en rêve, n'aurait pas utilisé dans « Chez Gino » un blanc matou décapité en guise de bonnette de microphone.

Roman

Sur le papier, les liaisons sont dangereuses, les libertins confirmés Valmont et Merteuil, lancent les dés et se moquent des ravissantes oies blanches qui n'auront, une fois déshéritées, débauchées, déniaisées, que leurs yeux pour pleurer. Plus les conventions sociales et les femmes sont corsetées, plus la tentation adultère fait de l'œil aux dames Bovary mariées à des bonnets de nuit. Les plus beaux romans d'amour seront ceux où l'amour a beau se démener comme ours en cage, les héros le refuseront au nom de la morale, cette tueuse des passions, ce balai qu'ont avalé la plupart des hommes et qui les oblige à se tenir droits (le chat n'a pas avalé de balai, il y a au contraire plein de vertèbres supplémentaires). Comme dans « Sur la route de Madison », les hommes préfèrent les regrets aux remords. Et dans les cours de lycée, chaque amant malheureux se prend pour Stendhal, chaque amante pour Jane Austen (ou Barbara Cartland, ça dépend du contexte).

Contrairement à une croyance populaire, les cordes de violon ne sont pas fabriquées à partir de boyaux de chat, mais avec des intestins de mouton, d'âne, de cheval, de mulet. Plus l'animal est maigre, plus le « catgut », c'est son nom, serait de meilleure qualité. Que les chats et les amoureux des chats se rassérènent. Le mot catgut clame son innocence, malheureuse déformation de kitgut (kit est le nom d'un petit violon). Cat n'a rien à voir avec le chat, et même si le son du violon mal maîtrisé ressemble à celui de matous mal lunés, rien n'empêche d'ouvrir sa porte à un violoncelliste ou une harpiste. Ou à un couple de chirurgiens, eux aussi familiers du catgut.

Canzonetta

Non, rien de rien, elle ne regrette rien, Édith Piaf, qui dans sa vie ou dans ses chansons, s'est montrée spécialiste des amours ratées, des hommes hautains qui passent sans regarder les femmes de peu, ou quand ils les regardent et s'arrêtent, meurent en pleine gloire dans un accident d'avion. Le grand Jacques (Brel) offrait son cœur, la lune et des perles de pluie, et quand il était sur scène, les perles de pluie étaient les larmes de son public. C'est trop beau, c'est trop triste, c'est trop de désespoir et de beauté. Gigi l'amoroso ou pas, légionnaire ou motard, en gondole à Venise ou à Capri, les histoires d'amour finissent mal en général.

C'est pour cela qu'ils s'aimèrent, se marièrent et eurent beaucoup de petits chats.

FIN

TABLE DES MATIÈRES

CAT·NI

Achevé d'imprimer par Corlet, Imprimeur, S.A. - 14110 Condé-sur-Noireau
N° d'Imprimeur : 144170 - Dépôt légal : février 2012 - *Imprimé en France*